전면돌파

공무원
면접

전면돌파
공무원 면접

개정2판 1쇄 발행		2022년 05월 09일
개정3판 1쇄 발행		2024년 07월 12일

편 저 자 | 공무원시험연구소

발 행 처 | ㈜서원각

등록번호 | 1999-1A-107호

주　　소 | 경기도 고양시 일산서구 덕산로 88-45(가좌동)

교재주문 | 031-923-2051

팩　　스 | 031-923-3815

교재문의 | 카카오톡 플러스 친구[서원각]

홈페이지 | goseowon.com

최종 합격까지 한걸음 더!

필기시험을 마친 공무원 수험생 여러분 진심으로 축하드립니다. 지금 이 순간 합격의 기쁨과 함께 면접의 두려움과 압박감이 있을 것이라 생각합니다. 공무원 면접은 수험생들의 주요사항을 비공개로 하는 블라인드 면접을 진행하여 수험생들의 역량을 객관적으로 평가하는 과정입니다. 이는 수험생들이 지원한 직렬과 자기소개서 등을 바탕으로 질문을 받는 것이기 때문에 필기시험만큼 중요하며 철저한 준비가 필요합니다.

"면접 공부는 어떻게 시작할까?"

"면접 때 무엇을 입어야 할까?"

"면접장에 갔을 때 어떻게 행동하는 것이 좋을까?"

"면접관이 무슨 질문을 할까?"

면접 전에 떠오르는 수많은 궁금증 해결을 위해 다음과 같이 책을 구성하였습니다.

> ✍ 면접의 평정요소부터 면접의 유의사항까지 모든 과정을 수록하였습니다.
> ✍ 직렬별 기출문제를 수록하여 질문 유형을 쉽게 파악할 수 있도록 하였습니다.
> ✍ 기출문제에 대한 예시답변과 팁을 확인할 수 있습니다.
> ✍ 시사용어를 수록하여 답변의 폭을 넓힐 수 있도록 하였습니다.
> ✍ 인적성검사 맛보기 질문과 면접 질문 카드를 수록하였습니다.

걷고 있는 그 걸음이 합격의 기쁨을 누리는 길로 향하고 있다고 생각합니다. 수험생 여러분들이 합격의 꽃길을 걸을 수 있도록 합격의 날까지 서원각이 항상 응원하겠습니다.

STRUCTURE

이 책 의 특 징 및 구 성

합격생의 생생한 후기와 실전 팁

합격생들의 상세한 후기와 실전 팁을 수록하였습니다. 면접 현장 분위기 파악은 물론, 수험생들에게 심리적 안정까지 더하여줍니다.

☑ 공무원별 합격후기

☑ 선배들이 들려주는 TIP

퀄리티 높은 답변을 위한 정보

시·도별 정보 및 일반상식, 공무원 현장 등 면접시험에서 답변의 퀄리티를 높여줄 정보들을 수록하였습니다.

☑ 면접 전 알아두면 좋은 상식

☑ 배경지식을 넓힐 수 있는 정보

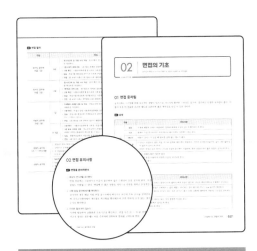

면접에 대한 궁금증 해결

면접을 앞둔 수험생들이 궁금해 하는 면접 복장부터 면접의 평정요소와 방식을 수록하였습니다. 더불어 면접 유형과 개념, 특징을 수록하여 작은 것 하나도 놓치지 않도록 해줍니다.

☑ 꼭 알아야 하는 **면접의 기본사항 확인**
☑ 면접장 가기 전에 보는 필수사항

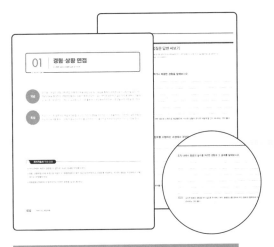

면접 유형별 기출질문 확인하기

여러 유형의 면접에 대비하기 위하여 기출문제를 수록하였으며 제시되어있는 팁을 바탕으로 수험생들이 직접 작성할 수 있도록 하였습니다.

☑ **경험형 및 상황형 면접**
☑ **5분 발표 / 개인 발표 / 집단 면접**

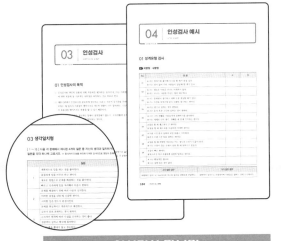

인성검사 맛보기

인성검사의 특징과 유형을 살펴보고 간단하게 인성검사를 확인할 수 있습니다.

☑ **성격 유형 및 예시 수록**
☑ **간단 인성검사 제시**

높은 적중률의 출제 예상질문

다양한 질문으로 실전 면접에 대비할 수 있도록 적중률이 높은 예상 질문과 답변을 수록하였습니다. 각 질문에 어떻게 대답해야 하는지 포인트도 놓치지 말아야 합니다.

☑ **출제빈도에 따른 ★표시**
☑ **답변 TIP 수록**

CONTENTS

이 책 의 차 례

HOW TO USE
면 접 준 비 방 법

Step 1
면접 준비하기
혼자서 준비하는 수험생들에게 가장 중요한 부분이다. 평정요소와 평정방식을 확인하고 면접의 종류와 특성을 알아보고 대책을 준비해보자.

Step 2
면접유형에 따라 작성하기
경험·상황면접/5분 발표/개별면접/집단면접 기출문제를 작성해보자. 실전처럼 시간을 정해 작성하는 것도 좋은 팁이다.

Step 3
면접 기출 복원 질문으로 연습하기
실제 기출을 복원한 면접 기출질문에 면접TIP을 확인하면서 다양한 사례를 찾아보고 나만의 답변으로 바꿔 연습해보자.

Step 4
답변의 퀄리티 높이기 위한 상식을 더하기
일반상식 및 시도별 현황 및 공무원 헌장 등을 수록한 상식 용어 리스트를 확인하여 다양한 사례로 답할 수 있도록 준비한다.

Step 5
인성검사 알아보기
인성검사의 유형을 확인하고 맛보기 예시를 풀어보자. 인성검사에 대한 감을 조금이라도 잡을 수 있을 것이다.

Step 6
질문카드로 복습하기
빈출문제를 담은 질문카드를 보고 답변하는 연습을 해보자. 면접장에 떨지 않고 답할 수 있을 때까지!

자신감을 갖고 답변하자!

무엇이든 자신감을 가지고 대답해야 한다. 내용이 다소 미흡하더라도 기죽지 않고 자신의 의사를 정확히 밝히는 것이 중요하며 답변을 논리 있게 풀어가는 것도 중요하다.

당황하지 말고 자연스럽게 말하자!

예상하지 못한 질문에 당황했을 경우 침착하게 생각을 정리할 필요가 있다. 이때, 면접관에게 자연스럽게 말하는 것이 중요하며 편안한 마음으로 대화하듯이 임하는 것이 좋다.

지원 분야에 대해 100% 파악하자!

지원하는 분야에 대한 깊이 있는 질문을 받을 수 있으므로 철저한 준비를 한다. 만약 답을 모르는 경우 모른다고 인정하고 '더 공부하겠습니다', '찾아보겠습니다' 등의 답변을 하는 것이 좋다.

기출문제를 많이 보고 예상답변을 준비하자!

면접에서는 어떤 질문을 받게 될지 모르기 때문에 다양한 상황을 예상하는 것이 중요하다. 따라서 최신 면접 경향을 알아보고 기출문제를 많이 접해보는 것이 좋다.

자신을 돌아보고 '나'라는 사람을 인지하는 시간을 갖자!

면접 시 제출한 자기소개서와 신원진술서의 내용을 바탕으로 나 자신에 대해 공부하는 것이 중요하다. 자신의 능력이 무엇인지, 왜 뽑아야하는지, 포부 등에 큰 틀을 잡고 준비한다.

정치, 문화, 사회, 경제 등 최근 이슈에 대해 관심을 가지고 공부하자!

지원 분야에 대한 면접 공부도 중요하지만 최근 사회, 경제 이슈 등에 대한 질문을 받을 수 있다. 당황하지 않기 위해서는 기본적으로 최근 이슈에 대한 공부가 필요하다.

| 자 기 기 술 서(예시) | 응시번호 | |
| | 성 명 | |

자신이 원하는 목표를 이루기 위해 특별히 노력했던 경험을 상세히 기술하시오.

저의 목표는 대학교에서 성적우수 장학금을 받는 것이었습니다. 이 목표를 이뤄내기 위해 학기 중에 공부에 매진했던 기억이 납니다. 그 당시에는 힘이 들어서 포기하고 싶었습니다. 하지만 하나의 꿈꾸던 목표성취를 위해 노력했습니다. 수업이 끝나고서 도서관이 문을 닫을 때까지 공부했으며, 주말에도 학교 과제에 열심히 매진하였고 결국 이루던 바를 성취했습니다.

자신의 정직성과 청렴성을 보여줄 수 있는 사례를 기술하시오.

저는 다른 사람의 물건을 잘 찾아줍니다. 백화점 화장실에서 핸드폰을 두 번이나 찾은 적이 있습니다. 그냥 두고 나와도 주인이 찾아갈 수 있지만, 가장 안전하다고 생각하는 방법은 백화점 분실물보관 센터에 가져다주는 것이라고 생각했습니다. 지갑도 찾은 적이 있었습니다. 현금과 상품권 등 꽉 차있는 지갑이 부러웠지만, 주민등록증이 있는 것을 확인하고 바로 근처 파출소에 전달하였습니다. 기본적인 일이지만 저의 도움으로 상대방의 곤란함을 해결해줬다는 것이 기뻤습니다.

근무하는 부서보다 타부서의 업무가 본인에게 더 맞는 것 같다면 어떻게 할 것인지 기술하시오.

우선 근무하는 부서의 일에 최선을 다할 것입니다. 할 수 있을만큼의 최대한의 노력을 해볼 것입니다. 맞지 않는 부서의 업무더라도 제게 주어진다면 잘하기 위해서 노력할 것입니다. 학생 때 수학이 맞지 않고 국어가 제일 잘 맞는다고 생각했지만 재미없고 맞지 않는다고 생각하던 수학도 노력하니 점수가 잘 올랐습니다. 그처럼 저 또한 우선 최선을 다해 제게 주어진 일을 하고 나중에 바꿀 수 있는 기회가 온다면 바꾸는 것을 말씀드릴 것입니다.

| 자 기 기 술 서 | 응시번호 | |
| | 성   명 | |

합격한다면 자신만의 특화된 업무추진 비전을 기술해보시오.

인생에서 가장 후회스러운 일을 다시 할 수 있다면 어떻게 할 것인지 기술하시오.

집단에서 자신이 리더가 되었을 때 본인과 맞지 않는 성향의 사람이 조직원으로 들어온다면 어떻게 대처할 것인지 기술하시오.

합격이야기

공무원 합격 후기

공무원 면접 합격 팁

공무원 면접 합격 후기

지방직 · 9급 공무원 | 국가직 · 9급 공무원 | 지방직 · 7급 공무원

갈피를 잡지 못할 경우에는 학원이나 스터디 모임 도움을 받는 것도 좋지만 저는 면접 노트를 만들어서 크게 개인 질문(인성), 시사, 그리고 시정 현안 등으로 나누어 정리했습니다. 개인 질문에서는 성공과 실패를 경험하며 느낀 점들과 공동체 생활을 하며 어떻게 지냈는지를 중점으로 준비하였고, 시사와 시정 현안 등은 인터넷 기사와 뉴스를 참고하여 준비했습니다.

수험 생활을 하면서 불안함이 드는 것은 당연합니다. 저 역시 조급한 마음으로 시험을 준비하다 보니 하루하루 기복이 심해지고 잠시 겪을 슬럼프가 기나긴 우울증으로 이어졌습니다. **빠른 합격을 목표로 했으나 조급한 마음이 오히려 합격을 방해한 것입니다.** 다른 수험생 여러분들은 저와 같은 일을 겪지 않도록, 애써 준비한 것들이 '미흡'이 되지 않도록, **마음가짐에도 신경 써 주시기 바랍니다.** 자신감을 가지고 준비를 철저히 한다면 원하는 결과가 있을 것입니다.

자신이 의지가 부족하다고 생각하는 경우에는 스터디 모임 도움을 받는 것이 좋으며, 만일 스터디를 한다면 한 군데에 집중하여 준비하는 것이 좋습니다.

자주 출제되는 질문인 '지원 동기', '직렬을 선택한 이유'를 우선으로 해당 직렬에 대한 정책이나 보완점 등도 함께 미리 검색하고 생각해 보는 것이 중요합니다. 면접 준비에는 체력도 빼놓을 수 없습니다. **건강한 몸에 건강한 정신이 깃든다는 말이 있듯이** 몸이 건강해야 부정적인 생각보다 긍정적인 생각으로 면접을 준비할 수 있습니다. 인터넷에 올라오는 합격 후기를 보며 마음을 다잡아 보는 것도 좋습니다. 저 역시 '나도 합격해서 꼭 후기를 남겨야지!' 다짐하며 마인드 컨트롤을 했습니다.

압박면접도 염두에 두는 것이 좋지만 전반적으로 부드러운 분위기 속에서 면접이 진행되기 때문에 자신감을 가진다면 문제없을 것입니다. 혹시 실수했다면 재빨리 잊어버리고 미련 없이 다음 질문에 대한 답변을 준비하는 자세도 중요합니다. **중요한 것은 자신감입니다.** 밝은 표정과 당찬 모습으로 성공적인 면접이 되길 바랍니다!

저는 오전조 면접이었고, 면접 순서는 당일에 확인할 수 있었습니다. 앞 번호가 걸려 솔직히 당장이라도 포기하고 싶었습니다. 그러나 5분 발표 주제를 확인하니 다행히 익숙한 키워드였고, 머리는 정돈되었습니다. 면접장 들어가기 전에는 자기 암시를 했고, 입장해서는 모의 면접에서 연습했던 것처럼 큰 목소리로 인사하고 면접을 보았습니다. 예상하지 못한 질문도 더러 있었지만 대체로 편한 분위기라 준비했던 답변을 할 수 있었습니다.

스터디원 혹은 지인들에게 부탁하며 모의 면접을 많이 하는 것을 추천합니다. 긴장을 덜하는 것은 물론이거니와, 발음과 목소리 톤까지 교정할 수 있습니다. 저도 많은 모의 면접 경험이 도움 되었습니다. **더불어 공무원 윤리 헌장을 읽고 공직가치와 본인이 지원한 직렬의 정보도 꼭 준비하시기 바랍니다.** 꼼꼼하게 준비하시고 많이 연습하신다면 순서에 크게 흔들리지 않고 본인의 잠재 능력을 보일 수 있을 것입니다.

경찰직	소방직	
9급 공무원	9급 공무원	선배들의 합격 POINT

스터디를 면접시험 첫 준비로 시작했습니다. 저처럼 많은 수험생들이 첫 준비로 스터디를 시작할 거라 생각합니다. 스터디는 면접시험에 합격하고자 하는 것입니다. **서로 정보를 공유하고, 모자란 부분을 채워주며 협력하는 것은 좋으나, 과한 친목은 해가 됩니다. 본질을 잊지 않도록 적당한 친목을 유지하시길 바랍니다.**

경찰공무원은 면접의 비중이 높습니다. 따라서 어떻게 준비하느냐가 중요합니다. 기출 문제를 보고 자신의 이야기로 풀어내는 것이 중요합니다. 절대로 답을 그대로 외워서 말하면 안 됩니다. 꼭 자기 걸로 만드세요. 기출 문제를 자기 걸로 만드는 방법은 하나입니다. **자신이 왜 경찰이 되고자 하는지 나에 대해 파악하는 시간을 꼭 가지시길 바랍니다.** 자기에 대해 알아야 기출 문제도 수월하게 풀어낼 수 있습니다.

면접에서는 솔직하고 일관성 있는 답변을 하셔야 합니다. 거짓 답변은 티가 납니다. 또, 답변 중간에 나의 주장이 바뀌면 당연히 신뢰도가 떨어지겠죠? 긴장한 나머지 실수할 수 있습니다. 철저하게 준비하세요. 면접시험은 정신적으로나 체력적으로나 힘든 과정입니다. 그 과정을 꼭 이겨내어 좋은 결과를 마주하기를 진심으로 응원하겠습니다.

면접 분위기는 생각보다 딱딱한 분위기는 아니었지만 꼬리질문이 많았고 압박질문도 있었습니다. 토론 면접은 소방에 관련된 이슈를 다뤘고, 개별면접은 소방공무원으로서의 나의 장점, 그리고 덕목 등 소방공무원으로서의 자세를 다뤘습니다.

면접 준비는 면접 대비 교재의 도움을 받아 진행했습니다. 평가요소에 맞게 답변을 준비하는 것이 무척 중요합니다. 평가요소를 파악하고 알맞은 답변을 준비하시기 바랍니다. 전반적인 지식은 물론이고, 전문 용어도 많이 접하시고 사용하셔야 어색하지 않게 답변하실 수 있습니다.

면접 대비 역시 필기 공부와 마찬가지로 습관이 되어야 합니다. 무수히 연습을 해도 막상 당일에는 긴장되어 다 잊어버릴 수 있습니다. 그런 불상사는 피해야하므로 많은 준비를 하셔야 합니다. **발성연습도 중요합니다.** 면접관들과 대화를 하는 만큼, 우물쭈물하지 않고 의사를 바르게 전달할 수 있도록 주의하세요. 필기의 비중이 높다고 해서 면접을 소홀히 준비하지 마시고 끝까지 최선을 다해주시기 바랍니다. 수험생들 모두 초시에 합격하길 기원하겠습니다.

- 학원이나 스터디의 도움을 받지 않을 경우, 공무원 공식 카페와 무료 면접 강의의 도움을 받아 준비하자 조급한 마음은 오히려 빠른 합격을 방해한다.

- 자신의 의지가 부족하다고 생각하는 경우, 학원이나 스터디 도움을 받아 준비하자 답변 대비와 더불어 건강한 컨디션 만들기도 중요하므로 규칙적인 생활 습관으로 체력과 멘탈도 신경을 쓰도록 한다.

- 공무원 윤리헌장 공직가치와 지원한 직렬에 대한 정보 확인은 필수이다. 많은 모의 면접으로 내공을 쌓는 것이 좋다. 자신감은 연습을 통해 나온다.

- 스터디의 과한 친목은 독이 되므로 적당한 친목으로 득이 되게 하자. 나에 대해 파악해야 기출 문제를 내 것으로 만들 수 있다.

- 발성연습을 통해 의사를 정확하고 바르게 전달할 수 있도록 하며, 전문 용어의 사용이 어색하지 않도록 많이 접하자. 면접 스트레스에는 면접 연습이 답이다. 많은 연습을 통해 면접 당일에 실수하지 않도록 하자.

공무원 면접 합격 팁

지방직

만약을 위해 메모를 하고 간단명료하게 답변하자!

개별질문지 작성 시 긴장해서 잊어버릴 수 있으니, 따로 메모해 두는 것이 좋다. 답변이 장황해지면 논점에서 벗어나는 경우가 많다. 너무 짧지도 너무 길지도 않게 핵심만 답변한다.

국가직

퇴실하는 모습도 지켜보고 있다!

퇴장 시 태도도 중요하다. 면접장을 나서는 순간까지도 면접이라고 생각해야 한다. 만족스럽지 못하더라도 문을 거칠게 열거나 퇴실 후 면접에 대하여 큰 소리로 대화를 나누는 일이 없도록 한다.

국가직

긴장은 덜어내고 물 흐르듯 자연스러운 모습을 보여주자!

답변을 암기한 듯한 모습보다 대화하듯 답변하는 모습을 보이는 것이 좋다. 심문하는 자리가 아니다. 평소 본인의 생각이나 입장이 뚜렷하다는 모습을 보이는 것이 좋다.

경찰직

면접위원의 의도를 파악하자!

만약 질문의 의도를 파악하지 못했을 때 당황하지 말고 면접위원에게 질문하는 것이 좋다. 의도에서 벗어난 대답을 하는 것보다 재차 질문하는 것이 더 좋다.

소방직

면접위원과 눈을 마주치자!

시선처리는 자연스럽게 하는 것이 좋다. 면접위원들이 부담되지 않게 한 명, 한 명 골고루 눈을 마주치며 당당한 모습을 보이는 것이 좋다.

지방직

자신감 있는 태도를 보여주자!

답변 시 자신감을 보여야 한다. 당연한 이야기로 들리겠지만 너무 긴장하다 보면 목소리도 위축되고 말끝을 흐리는 경우가 많다. 에너지 넘치는 목소리로 자신감 있게 대답하는 것이 좋다.

01 CHAPTER | 면접의 평정요소

면접의 특징 # 국가직 # 지방직 # 경찰직 # 소방직 # 면접 절차

01 면접의 정의

01 면접의 의의

공무원 면접시험은 필기시험 합격자를 대상으로 해당 직무수행에 필요한 능력 및 적격성을 검정하는 공무원 공개채용시험의 최후 관문이다.

02 공무원 면접 특징

구분	특징
국가직 공무원 (9급·7급)	근무지가 특정 지역으로 정해진 것이 아니며 전국 어디에든 배정이 될 수 있기 때문에 보편성과 거시적인 안목이 많이 요구된다. 경험·상황형 면접과제로 구성된다는 점은 동일하다.
지방직 공무원 (9급·7급)	각 시·도에서 주관하여 그 지역의 필요성에 의해 선발하므로, 해당 지역에 대한 지식을 요구한다.
경찰직 공무원	사회공공의 안녕과 질서를 유지하기 위한 특수 임무를 수행하는 만큼, 주요 덕목과 자신의 사명감을 함께 제시해주는 것이 좋다.
소방직 공무원	일반 공무원에 비해 국민들의 생활과 안전에 더욱 밀접한 관계를 맺고 있으므로 자신이 생각하는 소방직 공무원의 역할과 자신의 신념을 함께 제시해 주는 것이 좋다.

03 면접 절차

구분		특징
국가직 공무원 (9급·7급)	9급	① **응시자교육 및 각종 서식 작성** : 출석 확인 및 교육 후 경험·상황 면접 과제와 면접시험 평정표를 작성한다. ② **5분스피치 과제 검토** : 5분 발표 과제를 검토한다. ③ **신분 확인** : 시험관리관에게 응시표와 신분증을 제출한 후에 본인여부를 확인한다. ④ **입실** : 면접시험 평정표를 본인기준 오른쪽 면접위원에게 제출한 뒤에 착석한다. ⑤ **면접** : 총 40분 이내로 5분 발표(10분 내외)와 경험·상황 면접(20분 내외)을 진행한다.
국가직 공무원 (9급·7급)	7급	① **응시자교육 및 각종 서식 작성** : 출석 확인 및 교육 후 경험·상황 면접 과제를 작성하고 면접시험 평정표를 작성한다. ② **개인발표 과제 검토** : 개인발표문 과제를 검토한 후에 30분간 작성한다. ③ **신분 확인** : 시험관리관에게 응시표와 신분증을 제출한 후에 본인여부를 확인한다. ④ **입실** : 면접시험 평정표와 개인발표문을 가운데 면접위원에게 제출한 뒤에 착석한다. ⑤ **면접** : 총 40분 이내로 개인발표(15분 내외)와 경험·상황 면접(25분 내외)을 진행한다.
지방직 공무원 (9급·7급)	7급	① **주제발표 과제문 검토 및 작성** : 면접순서에 따라서 응시자별로 자료작성실로 이동하고 주제발표 과제문을 작성한다. ② **신분 확인** : 면접조 당당 시험관리요원에게 응시표와 신분증을 제출하고 본인임을 확인받는다. ④ **입실** : 면접시험 평정표와 주제발표문을 중앙에 있는 면접위원에게 제출한다. 개인발표문은 본인이 소지하고 있는다. ⑤ **면접** : 4개 평정요소와 관련된 질문인 개별면접(20분)과 주제발표(10분 내외)로 진행한다.
지방직 공무원 (9급·7급)	8·9급	① **신분 확인** : 시험관리요원에게 신분증, 면접시험 응시표를 제출하고 본인여부를 확인한다. ② **5분 발표 과제문 검토** : 자료검토실에서 과제문을 15분간 검토한다. 발표자료는 작성하지 않고 과제문 여백을 활용하여 메모를 할 수 있다. ③ **입실** : 개별면접실에서 면접시험 평정표를 중앙의 면접위원에게 제출한다. ④ **면접** : 4분 동안 5분 발표를 하고 4개 평정요소와 관련된 개별면접을 20분간 진행한다.
경찰직 공무원 (25. 1. 1.부터시행)		① 경찰공무원의 적성(②의 평가요소에 대한 판단자료로 활용) ② 상황판단·문제해결능력, 의사소통능력, 경찰윤리의식(공정, 사명감, 청렴성), 성실성·책임감, 협업 역량 ③ 각 면접위원이 평가한 점수를 합산하여 총점의 40%이상 득점자를 합격자로 결정한다. 단, 면접위원의 과반수가 어느 하나의 평가요소에 대하여 2점 이하로 평가한 경우는 불합격으로 처리된다.
소방직 공무원		① **발표면접** : 문제해결능력(10점), 의사소통능력(10점) ② **인성면접** : 소방공무원으로서의 공직관(10점), 팀워크 및 협업능력(10점), 침착성 및 책임감(10점) ③ 평정요소에 대한 시험위원의 점수를 합산하여 총점의 50% 이상을 득점한 사람을 합격자를 결정하며, 시험위원 과반수가 어느하나의 평정요소에 대해 40%미만의 점수를 평정한 경우 불합격으로 한다.

* 일반적인 면접 순서로 면접마다 다소 차이가 있을 수 있음

02 면접의 평정요소 <공무원임용시험령 제5조제3항>

01 소통·공감

국민 등과 소통하고 공감하는 능력

02 헌신·열정

국가에 대한 헌신과 직무에 대한 열정적인 태도

03 창의·혁신

창의성과 혁신을 이끄는 능력

04 윤리·책임

공무원으로서의 윤리의식과 책임성

04 기타

시험실시기관의 장이 필요하다고 인정하는 평정요소*

* 인사혁신처 주관 경력경쟁채용시험 중 민간경력채용 5·7급 시험과 중증장애인채용 시험은 '직무 전문성'을 추가하여 5개 평정요소로 운영한다. 단, 전국 지역인재 7·9급 수습직원 선발시험은 공개경쟁채용시험을 준용한다.

03 면접 평정요소의 정의

01 공개경쟁채용시험

평정요소	정의
소통·공감	국민 또는 행정 현장의 애로와 각종 수요에 대해 존중하는 마음으로 경청하고 상대방의 입장을 정확히 이해하려고 노력하며, 자신의 생각과 의견을 명확하게 전달하고 협력적인 태도로 이해관계를 조정한다.
헌신·열정	자신의 이해관계보다는 소속 부서와 소속 부처 나아가 국가적 이해관계를 우선적으로 고려하고, 자신의 업무에 대한 자부심을 바탕으로 업무의 성과와 질을 높이기 위해 적극적으로 노력한다.
창의·혁신	다양한 관점으로 현상을 분석하고 새로운 시각으로 대안을 제시하며, 이를 실행하기 위한 계획을 우선순위를 정하여 추진한다.
윤리·책임	국민에 대한 봉사자로서 공무원이 갖추어야 할 윤리를 확립하고, 헌법과 법령을 준수하며 맡은 업무를 완성도 있게 수행한다.

02 경력경쟁채용시험

평정요소	정의
소통·공감	국민 또는 행정 현장의 애로와 각종 수요에 대해 존중하는 마음으로 경청하고 상대방의 입장을 정확히 이해하려고 노력하며, 자신의 생각과 의견을 명확하게 전달하고 협력적인 태도로 이해관계를 조정한다.
헌신·열정	자신의 이해관계보다는 소속 부서와 소속 부처 나아가 국가적 이해관계를 우선적으로 고려하고, 자신의 업무에 대한 자부심을 바탕으로 업무의 성과와 질을 높이기 위해 적극적으로 노력한다.
창의·혁신	다양한 관점으로 현상을 분석하고 새로운 시각으로 대안을 제시하며, 이를 실행하기 위한 계획을 우선순위를 정하여 추진한다.
윤리·책임	국민에 대한 봉사자로서 공무원이 갖추어야 할 윤리를 확립하고, 헌법과 법령을 준수하며 맡은 업무를 완성도 있게 수행한다.
직무 전문성	다양한 경험과 지식, 기술 등을 토대로 부여받은 해당 업무를 효과적으로 완수한다.

04 면접 평정요소의 평가기법

면접시험 평가기법(면접방식)은 개인발표면접, 경험 · 상황면접 등으로 계급별 · 평정요소별로 다음과 같이 운영된다.

01 공개경쟁채용시험

① 5급

◎ : 주평가기법, ○ : 부평가기법

평정요소	평가분야	
	직무역량 (개인발표, 상황)	공직가치 · 인성 (경험, 상황)
소통 · 공감 : 국민 등과 소통하고 공감하는 능력	○	◎
헌신 · 열정 : 국가에 대한 헌신과 직무에 대한 열정적인 태도	◎	○
창의 · 혁신 : 창의성과 혁신을 이끄는 능력	◎	○
윤리 · 책임 : 공무원으로서의 윤리의식과 책임성	○	◎

② 7급

◎ : 주평가기법, ○ : 부평가기법

평정요소	개인발표	경험 · 상황면접
소통 · 공감 : 국민 등과 소통하고 공감하는 능력	○	◎
헌신 · 열정 : 국가에 대한 헌신과 직무에 대한 열정적인 태도	○	◎
창의 · 혁신 : 창의성과 혁신을 이끄는 능력	◎	○
윤리 · 책임 : 공무원으로서의 윤리의식과 책임성	○	◎

③ 9급

◎ : 주평가기법, ○ : 부평가기법

평정요소	개인발표	경험 · 상황면접
소통 · 공감 : 국민 등과 소통하고 공감하는 능력	○	◎
헌신 · 열정 : 국가에 대한 헌신과 직무에 대한 열정적인 태도	○	◎
창의 · 혁신 : 창의성과 혁신을 이끄는 능력	○	◎
윤리 · 책임 : 공무원으로서의 윤리의식과 책임성	◎	○

02 경력경쟁채용시험

① 5급   ◎ : 주평가기법, ○ : 부평가기법

평정요소	개인발표	경험·상황면접	경력·직무관련면접
소통·공감 : 국민 등과 소통하고 공감하는 능력	○	◎	
헌신·열정 : 국가에 대한 헌신과 직무에 대한 열정적인 태도	○	◎	◎
창의·혁신 : 창의성과 혁신을 이끄는 능력	◎	○	
윤리·책임 : 공무원으로서의 윤리의식과 책임성		◎	○
직무 전문성 : 해당 업무수행의 전문성	○		◎

② 7급   ◎ : 주평가기법, ○ : 부평가기법

평정요소	개인발표	경험·상황면접	경력·직무관련면접
소통·공감 : 국민 등과 소통하고 공감하는 능력	○	◎	
헌신·열정 : 국가에 대한 헌신과 직무에 대한 열정적인 태도	○	◎	◎
창의·혁신 : 창의성과 혁신을 이끄는 능력	◎	○	
윤리·책임 : 공무원으로서의 윤리의식과 책임성		◎	○
직무 전문성 : 해당 업무수행의 전문성	○		◎

③ 9급   ◎ : 주평가기법, ○ : 부평가기법

평정요소	경험·상황면접	경력·직무관련면접
소통·공감 : 국민 등과 소통하고 공감하는 능력	◎	○
헌신·열정 : 국가에 대한 헌신과 직무에 대한 열정적인 태도	◎	○
창의·혁신 : 창의성과 혁신을 이끄는 능력	◎	○
윤리·책임 : 공무원으로서의 윤리의식과 책임성	◎	○
직무 전문성 : 해당 업무수행의 전문성	○	◎

05 평정방식과 최종 합격자 결정

면접시험 평정결과(평정등급 : 우수, 보통, 미흡)와 제2차 시험 성적에 따라 최종합격자를 결정한다.

구분	평정방식	최종 합격자 결정
우수	위원의 과반수가 4개 평정요소 모두를 "상"으로 평정한 경우	필기시험 성적순위에 관계없이 "합격"
미흡	위원의 과반수가 4개 평정요소 중 2개 항목 이상을 "하"로 평정한 경우와 위원의 과반수가 어느 하나의 동일 평정요소에 대하여 "하"로 평정한 경우	필기시험 선정순위에 관계없이 "불합격"
보통	"우수"와 "미흡" 외의 경우	"우수" 등급을 받은 응시자 수를 포함하여 선발예정인원에 달할 때까지 필기시험 성적순으로 "합격"

(   )년도 (   )급 면접시험 평정표

필기 감정용 기재란	예시문 : 본인은 (응시자 성명)임을 확인함	직렬(류)	
	본인필적	응시번호	
		성　명	
		생년월일	
		자필서명	

평 정 요 소	위원평정		
	상	중	하
가. **소통·공감** : 국민 등과 소통하고 공감하는 능력			
나. **헌신·열정** : 국가에 대한 헌신과 직무에 대한 열정적인 태도			
다. **창의·혁신** : 창의성과 혁신을 이끄는 능력			
라. **윤리·책임** : 공무원으로서의 윤리의식과 책임성			
계	① ② ③ ④ ⓪	① ② ③ ④ ⓪	① ② ③ ④ ⓪

비고 :

0조	면접위원	성명		서명	

02 면접의 기초

CHAPTER

면접의 특징 # 국가직 # 지방직 # 경찰직 # 소방직 # 면접 절차

01 면접 옷차림

공직사회는 사기업에 비해 보수적인 경향이 있으므로 지나치게 화려한 스타일은 삼가며, 깔끔하고 단정한 옷차림이 좋다. 더불어 웃음 띤 얼굴과 공손한 태도를 갖춘다면 좋은 첫인상을 남길 수 있을 것이다.

01 남성

구분		유의사항
복장	정장	무채색 계열의 단색이 적당하며, 상의와 하의에 구김이 있는지 확인하도록 한다.
	셔츠	흰색이 가장 무난하지만, 푸른색이나 베이지색도 산뜻한 느낌을 준다.
	넥타이	넥타이 길이는 서 있을 때 벨트를 살짝 덮는 정도가 좋다.
	구두 및 양말	• 구두는 정장보다 짙은 색을 신으며 갈색과 검은색이 적당하다. 먼지가 묻어있지 않은지, 굽이 너무 닳아있지 않은지 살피도록 한다. • 양말은 정장과 같은 색이나 구두와 정장의 중간색이 적절하며, 흰색 양말과 목이 짧은 양말은 삼가도록 한다.
헤어 스타일		• 청결함을 강조하기 위해서 짧은 머리가 좋다. • 젤이나 헤어스프레이 등을 이용하여 단정한 모습을 보이도록 한다. • 염색은 하지 않는 것이 좋다.

02 여성

구분		유의사항
복장	정장	단정한 느낌을 주는 투피스 정장이나 한 벌짜리 바지 정장이 좋으며, 색상은 베이지색이나 무채색이 무난하다.
	구두 및 스타킹	• 핸드백, 구두, 스타킹은 전체적으로 같은 계열로 준비하는 것이 좋으며 구두는 5㎝ 높이가 적당하다. • 스타킹은 화려한 색이나 무늬가 있는 것은 삼가고, 혹시 모를 상황에 대비하여 여분의 스타킹을 준비하는 것이 좋다.
헤어 스타일		• 짧은 머리는 귀 뒤로 넘기고 긴 머리는 묶는 것이 깔끔한 인상을 준다. • 강한 웨이브나 밝은 계열의 염색은 삼가도록 한다. • 화려한 헤어 액세서리는 피하도록 한다.

02 면접 유의사항

01 면접을 준비하면서

① 최상의 컨디션을 유지한다.

면접 전날에는 긴장하거나 마음이 불안하여 많은 수험생이 잠을 설치게 된다. 다음날 목소리가 불안정할 수 있고, 몸 상태도 악화될 수 있다. 면접에 안 좋은 영향을 끼치므로 숙면을 취하고 안정적인 상태에서 면접에 임하는 것이 좋다.

② 시험 당일 문자메세지를 확인한다.

국가직의 경우 해당 직렬 면접 응시자에게 메시지로 본인의 조와 순서를 알려준다. 따라서, 문자 수신을 위하여 사이 버 국가고시센터에서 개인정보 최신화를 확인해두며 간혹 연락이 오지 않는 경우를 대비해서 사이버 국가고시센터를 수시로 확인한다.

③ 지각은 절대 하지 않는다.

사전에 방문하여 교통편과 소요시간을 확인하고, 면접 시간 20 ~ 30분 전에 도착하는 것이 좋다. 만일 예상치 못한 사고가 생기는 경우에는 바로 주관처에 연락하여 양해를 구하도록 한다.

02 면접에 임하면서

① 첫인상이 중요하다.

첫인상은 5초 이내로 결정된다. "초두 효과" 라고 하여 처음 제시된 정보가 나중에 제시된 정보보다 강한 영향을 미치는 현상을 말하는데, 긍정적인 인상보다 부정적인 인상을 더 잘 기억한다고 하니 밝은 표정, 깔끔한 복장, 바른 자세를 갖추도록 하자.

② 공손한 태도를 취한다.

본인 차례가 되어 호명되면 대답을 또렷하게 하고 들어간다. 문을 여닫을 때 소리가 나지 않도록 주의하며, 공손한 자세로 인사한 후 면접관의 지시에 따라 착석한다. 긴장하여 옷매무새를 자주 고친다거나 불안한 시선처리는 신뢰감을 떨어트릴 수 있으니 산만한 태도는 삼간다.

③ 모든 질문에 답변한다.

미처 준비하지 못한 질문이라고 해도 반드시 답변을 해야 한다. 자칫 소신이 없거나 입장이 분명하지 못한 사람으로 비쳐질 수 있기 때문이다. 답변이 떠오르지 않을 경우, 잠시 생각을 정리할 시간을 요청하는 것도 나쁘지 않은 방법이다.

④ 집단면접 시 다른 응시자들과 협력하는 자세를 가진다.

집단면접은 개별면접보다 다른 응시자들과의 비교가 확연하게 드러난다. 자신의 기량을 발휘하되, 다른 응시자의 답변을 깎아내리거나, 과한 개성 표현은 삼가도록 한다.

⑤ 논리정연하게 답변한다.

긴장하고 당황한 나머지, 핵심은 빠진 채 장황하게 답변하는 경우가 있다. 적절하지 않은 줄임말이나 채팅 용어를 삼가고 올바른 언어로 정리된 답변을 하도록 한다.

⑥ 목소리 톤은 너무 작지도 너무 크지도 않게 한다.

면접은 면접관과 응시자의 대화로 이루어지므로 목소리가 미치는 영향이 매우 크다. 면접관과의 거리를 고려하여 너무 작거나 큰 목소리로 이야기 하지 않도록 주의하며, 속도도 신경 쓰도록 한다.

03 면접을 마치면서

① 끝까지 공손한 태도를 유지한다.

모든 일은 마무리가 중요하다. 면접이 끝났음을 알리면 정중하게 인사를 하도록 한다.

② 퇴실까지 평가는 계속 된다.

끝나도 끝난 게 아니다. 퇴장하는 순간에도 평가받고 있다는 사실을 잊지 말고, 문을 열 때도 조심히 행동하도록 한다

01 | 경험·상황 면접

CHAPTER

경험형 질문 # 상황형 질문 # 가치관

개념
전 직렬이 동일한 경험·상황 면접 과제 작성문을 바탕으로 질의·응답을 통해서 공무원으로서 갖춰야 할 공직가치, 전문성 등을 평가한다. 경험면접에서는 임용 이후에 근무하고 싶은 부처와 담당하고 싶은 직무에 대해서 기술하고, 응시분야와 관련된 이해도와 교과목 수강, 각종 활동 등 직무수행능력과 전문성 함양을 위한 경험을 평가한다.

특징
작성 시 비슷한 질문에도 폭넓게 대응할 수 있는 자신의 경험을 정리하는 것이 효율적이다. 거창하지 않은 경험이라도 의미부여를 통해 그 경험의 중요성과 의미를 강조하는 것이 좋으므로 허위로 작성하는 것은 삼가도록 한다.

자기기술서 작성 요령

- 미리 준비한 자료는 열람할 수 없으며, 20분 이내에 작성해야 한다.

- 경험·상황면접 과제 작성문을 바탕으로 개별면접에서 세부 질문이 이루어진다. 간결하게 작성하되, 자신의 경험을 사실적이고 구체적으로 작성해야 한다.

- 맞춤법에 주의하며 부정적이거나 모호한 표현을 삼가도록 한다.

경험형 면접질문 답변 써보기

응시자가 작성한 경험을 토대로 공직가치 및 역량을 평가하기 위한 유형이다. 이때, 자기기술서를 바탕으로 세부적인 답변을 통해 본인의 소신을 나타내도록 한다.

개인 혹은 집단 사이에 갈등을 중재하거나 해결한 경험을 말해보시오.

면접TIP 어떤 갈등을 중재하기 위해 스스로 어떤 태도와 노력으로 해결했으며, 비슷한 상황이 온다면 어떻게 할 건지 제시하는 것이 좋다.

다양한 성향을 가진 동료들과 함께 업무를 수행하는 과정에서 겪었던 갈등과 해결 방안, 그리고 이 경험을 통해 배운 점을 말해보시오.

면접TIP 단체 생활을 하며 생기는 대인관계 문제를 어떻게 풀어나갔는지 묻는 질문으로, 동료 간 의사소통의 중요성을 보이는 것이 좋다.

본인이 원하지 않은 조직에 소속되었던 경험과 이를 극복한 경험에 대해 말해보시오.

면접TIP 자신이 조직에 어떤 기여를 할 수 있으며, 어떻게 조직에 융화될 수 있었는지에 대한 답변을 준비하는 것이 좋다.

업무를 수행할 때 마감기한과 완성도 중에서 문제가 발생했을 때 대처했던 방법과 그 결과를 말해보시오.

면접TIP 상황에 따라 각자가 생각하는 중요도는 다르므로 자신이 생각하는 우선순위와 선택, 그리고 이를 납득할 수 있는 답변을 준비한다. 이 때 평정요소 성실성을 고려해야 한다.

타인으로부터 인격이나 성품에 대해 건설적이라는 평가를 받았던 경험을 말해보시오.

면접TIP   평가를 들을 때는 어떠한 계기가 있었을 것이다. 사례를 들어 설명하도록 한다. 또한 평가를 받았을 때 들었던 기분을 솔직하게 말하되, 자만하는 모습은 보이지 않도록 한다.

본인에게 가장 큰 영향을 준 사람이 있다면 누구인지 말해보시오.

면접TIP   평정요소 중 창의력·의지력 및 발전 가능성에 해당하며 응시자는 자신만의 참신함을 어필할 수 있는 인물과 어떠한 이유로 존경하게 되었는지 진부하지 않은 답변을 준비하는 것이 좋다.

조직 내에서 동료의 실수를 처리한 경험과 그 결과를 말해보시오.

면접TIP 실수한 동료의 험담을 하지 않도록 주의한다. 예의·품행요소를 염두에 두고 동료와 협력하여 이를 어떻게 해결하였는지에 대한 답변을 준비하는 것이 좋다.

소속된 집단에 불가피하게 피해를 준 경우에 어떻게 대처했는지 말해보시오.

면접TIP 당연한 이야기지만 수습 가능한 피해를 언급하는 것이 좋다. 잘못을 인정하고 이를 바로잡기 위해 어떤 노력을 했는지에 대한 답변을 준비하는 것이 좋다.

상황형 면접질문 답변 써보기

응시자가 특정 상황에서 대처하는 행동을 평가하기 위한 유형이다. 이때, 면접관은 후속질문을 통해 개별면접을 진행하기도 한다.

친한 동료가 내부정보를 접하고 불법적인 재산 증식을 저질렀다. 이를 목격한 것은 당신이 유일한 상황에서, 어떻게 할 것인가?

면접TIP 공무원은 다른 직업보다 윤리의식이 더욱 강조되는 직업임을 부각시켜 재산 증식 시 자신의 직위를 이용하지 않겠다는 의지를 보여주는 것이 좋다.

업무수행 중 상사의 의견과 충돌한 경우에서 어떻게 대처할 것인가?

면접TIP 무조건 상사의 의견을 따르겠다는 말은 적절하지 않으며 현대 공직사회에서도 추구하는 바가 아니다. 또한 깊게 생각하지 않는 태도처럼 보여 응시자에 대한 신뢰도 떨어지게 된다.

퇴사한 직원이 처리했던 업무에 민원이 발생했다. 당신의 상사는 현재 담당자인 당신에게 답변을 요구하는 상황에서 어떻게 대처할 것인가?

면접TIP 비록 자신의 업무는 아니지만, 모르쇠로 일관하는 것보다 상사에게 양해를 구하며 해당 업무는 자신의 소관은 아니었지만 확인해보겠다는 답변을 준비하는 것이 좋다.

본인의 일이 바쁜 와중에 동료가 업무가 미숙을 발견한다면 어떻게 대처하겠는가?

면접TIP 우선 내가 해야 하는 급한 일을 마무리하고 동료의 업무를 도와주는 방향으로 하겠다고 설명하는 것이 좋다.

고등학교 급식을 담당하는 주무관인 당신은 품질이 떨어지는 영세기업 제품과 품질이 좋으면서 저렴한 대기업 제품 중에서 선택을 해야 한다. 꾸준히 계약을 해왔었고 봉사활동과 기부를 하고 있는 영세기업과의 계약을 상사는 지시하고 있는 상황이다. 이 상황에서 당신은 어느 기업과 계약을 체결할 것인가?

면접TIP   어떤 것이 공익을 우선시하며 투명하고 공정하게 업무를 처리하는 선택인지 파악하는 것이 중요하다.

민원인이 당신이 제시한 해결방안을 수용하지 않고 계속 항의를 하는 경우 어떻게 민원인을 설득할 것인가?

면접TIP   공무원은 절차의 공정성을 가지고 투명하게 업무에 임해야 하는 사회적 책임이 있음을 인지하고 민원인에게 설득과 회유를 통한 대처를 유연하게 할 것임을 보여주도록 한다. 빠른 판단력으로 갈등 상황을 어떻게 해결할 것인지 제시한다.

여행사 창업 희망자가 기존의 자본금 축소, 사업장 조건 폐지를 요구한다. 여행사협회에서는 소비자보호를 이유로 반대하는 상황에서 관광 담당 주무관으로서 당신은 어떻게 하겠는가?

해외직구 상품을 되팔기 하는 사례가 증가하고 있다. 판매자가 법적으로 문제되는 것을 모르고 되팔은 경우 행정권고와 처벌 중 어떤 대처를 할 것인가?

민원인이 자신의 업무분야와 무관한 것을 물어본다. 어떻게 대처를 할 것인가?

면접TIP 업무분야와 무관하여 정확한 답변을 주지 못하지만 민원인의 고민을 도와줄 수 있는 방안을 적극적으로 찾아서 알려준다.

당신의 상사가 금품수수를 받은 것을 알게되었다면 어떻게 대처하겠는가?

면접TIP 금품수수와 관련한 문제는 상사와 소통을 통해서 문제를 해결하는 방안을 고려해보고 상사가 적절한 대처를 하지 않는 경우에는 공정하고 투명하게 정해진 방법으로 대처해야 한다고 답변하는 것이 좋다.

02 | 5분 발표

CHAPTER

최근 이슈 # 공직가치 # 의사발표의 정확성 및 논리성

개념

5분 발표 과제문을 10분간 검토 한 뒤에 5분 내외의 발표를 진행한다. 주로 공직가치관을 평가하는 질문으로 진행된다. 국가관, 공직관, 윤리관에 대한 행동준칙에 대한 질문으로 공무원 헌장에 기반하여 면접자의 응답에 따라서 평가한다.

특징

정약용, 박지원 등의 역사적 인물과 연관하여 질문을 하기도 하고 사회에서 논란이 되고 있는 이슈와 관련해서 다양한 유형으로 물어본다. 국내·외 사회 문제와 정책에 관해 질문을 하기도 하므로 사회문제에 대해서 공무원의 헌장에 기반한 가치관을 명확히 가지고 있어야 한다.

5분 발표 작성 요령

주제를 먼저 파악한다.
제일 먼저 주어진 주제의 목적이 무엇인지 파악한다. 주제를 가지고 정리한 키워드를 토대로 서론 − 본론 − 결론을 구성하도록 한다.

서론을 제시한다.
흥미를 유발해야 하는 문제 제시 도입부분이다. 자신 있는 태도와 바른 자세로 호감을 주도록 한다. 자연스러운 눈 마주침도 중요하며 이때, 말의 속도와 강약을 조절하여 면접관들의 관심을 집중시키도록 한다.

본론을 제시한다.
근거를 뒷받침할 객관적인 사례를 활용하여 전개하도록 한다. 응시자도 마찬가지로 객관적인 태도를 유지해야 한다. 비속어나 채팅용어는 삼가고 올바른 언어를 사용하며, 적절한 제스처를 통해 핵심을 효과적으로 전달하도록 한다.

결론을 제시한다.
주어진 시간 안에 스피치를 마무리하는 단계로, 시간이 많이 남으면 제대로 준비하지 않았다는 인상을 남길 수 있으므로 최대한 5분이라는 시간을 잘 활용하도록 한다. 이때, 자신의 의견을 다시 한 번 피력하도록 한다.

5분 발표 답변 써보기

의사발표의 정확성 및 논리성을 평가하기 위한 유형이다. 이때, 공직가치에 대한 이해를 기반으로 답변하도록 한다.

박지원의 「열하일기」를 보면, 청나라 어선이 조선 해안을 침범하는 일이 비일비재하나 아전과 관리는 이를 묵인한다. 여기에서 아전과 관리의 부족한 공직가치는 무엇이며, 본인이라면 어떻게 대응했을 것인지 말해보시오.

면접TIP 아전과 관리는 공무원이 가져야 할 업무에 대한 책임과 의무를 져버린 행위로, 이에 대한 자신의 생각과 대처를 제시하도록 한다.

공직부패 원인과 청렴도 향상을 위한 방안을 말해보시오.

면접TIP 두 가지 측면에서 접근하는 것이 바람직하다. 부정부패나 비리 등은 경제적인 이유에서 비롯되기 쉬우므로 그에 대해서 언급한 후 공직자의 윤리적인 측면에 대해서 의견을 제시하고 방안을 제시하는 것이 좋다.

소방관의 기도 발췌문 중에서 유추할 수 있는 공직가치를 말해보시오.

신이시여, 제가 부름을 받을 때에는 / 뜨거운 화염 속에서도 / 한 생명을 구할 수 있는 힘을 주소서. / 너무 늦기 전에 / 어린아이를 감싸 안을 수 있게 하시고 / 공포에 떠는 노인을 구하게 하소서. / 내가 늘 깨어 살필 수 있게 하시어 / 가냘픈 외침까지도 들을 수 있게 하시고 / 신속하고 효과적으로 / 화재를 진압하게 하소서. / 그리고 신의 뜻에 따라 저의 목숨을 잃게 되면 / 신의 은총으로 / 저의 아내와 가족을 돌보아 주소서.

면접TIP   우선 공무원 헌장을 제대로 이해하고 있어야 하며, 공무원으로서 추구해야 할 공익의 방향성과 책임을 다하는 자세로 문제에 접근하는 것이 좋다.

정약용의 「목민심서」에서 율기 6조는 바른 몸가짐, 청렴한 마음, 가정 관리, 청탁 거부, 절약, 베풂이 있다. 공무원으로서 본인이 제일 중요하게 생각하는 조항을 말하고 그 이유를 설명하시오.

면접TIP   정해진 정답은 없다. 다만 자신이 공무원으로서 지니는 신념과 이유를 분명하게 말할 수 있어야 한다.

다문화가정의 순기능과 역기능을 설명하고 해결방안에 대해서 말해보시오.

면접TIP 차별적인 발언을 하지 않도록 주의한다. 사회의 다양성을 존중하는 입장으로 접근하는 것이 좋다.

재난지원금을 선별하여 지급하는 것과 일괄적으로 지급하는 것 중에서 당신이 생각하는 좋은 방안은?

면접TIP 공정성과 청렴성을 지키며 공익의 방향성을 잃지 않는 방안을 제시하도록 한다.

03 개별면접

CHAPTER

최근 이슈 # 창의력 # 문제해결능력

개념

응시자의 자질을 종합적으로 평가하기 위한 방식이다. 신문기사, 보고서, 도서 등의 참고자료와 지시문을 확인하며 의견을 발표하는 것이다.

특징

주제문은 당일에 주어지며, 주어진 주제에 어떻게 접근하여 문제점을 제시하고 해결하는지 응시자의 창의력과 문제해결능력이 드러나는 면접으로 순발력이 요구된다.

5분 발표 작성 요령

주제를 먼저 파악하고 목차를 구성한다.

문제의 취지를 빠르게 파악하고 이를 토대로 서론 – 본론 – 결론을 구성하도록 한다. 이때, 논점을 정확하게 하여 주제를 벗어나지 않도록 주의한다. 작성 시 공백을 줄이고 목차를 명확하게 하여 눈에 띄도록 한다.

논리적으로 제시한다.

핵심 내용에 큰 비중을 둬야 하며, 부연설명에 많은 시간을 쏟지 않도록 주의해야 한다. 알기 쉬운 표현으로 자신의 견해를 확실하게 드러내도록 하며, 본론에 원인 해결을 위한 방안과 더불어 제한 사항에 대한 극복 방법이 들어가도록 한다. 발표 시 주제 다음으로 목차를 먼저 소개하도록 한다. 종이와 면접관을 너무 번갈아보면 자칫 산만해 보일 수 있으니 주의하도록 하고, 자신감 있는 몸짓으로 신뢰를 더하여 주도록 한다.

시작과 끝은 대칭을 이루도록 한다.

결론은 서론에서 제시한 의견을 대칭시켜 마무리 하도록 한다.

개별면접 답변 써보기

응시자의 창의력과 문제해결능력을 평가하기 위한 유형이다. 이때, 주어진 시간을 모두 활용하도록 한다.

최근 청소년 사이에서 지속적으로 발생하고 있는 사이버 불링에 대한 현황과 문제점을 해결하기 위한 정책 방안을 마련하시오.

면접TIP 사이버 불링에 대한 개념을 정리하고 현황을 제시하도록 한다. 덧붙여 온라인이라는 가상공간에서는 제시한 해결 방안이 어떻게 제한되며, 이를 어떻게 극복할 것인지에 대한 답변도 같이 이루어지는 것이 좋다.

공공데이터를 개방하면서 생기는 문제와 그 대처방안에 대해서 설명하시오.

면접TIP 본인의 생각하는 문제점을 정리해보고, 그 대처방안을 작성하는 데에 자신의 생각이 들어가는 것이 중요하다.

기후변화로 시행하고 있는 정책 중에. 본인이 생각할 때 제일 우수한 정책과 행정사례를 설명하시오.

면접TIP 기후변화에 대한 자신이 지원하는 분야에서 하고 있는 행정사례를 찾아보고서 답변을 준비한다.

최근 급증하고 있는 딥페이크의 현황과 문제점을 해결하기 위한 방안을 마련하시오.

면접TIP 딥페이크는 영상을 조작할 수 있는 것으로 이에 대한 문제점이 다양하게 제기되고 있다. 이에 대한 다양한 사례를 찾아보고 그에 대한
해결방안을 자신의 고민해본다.

낙후된 지역의 도시 재생 사업에 대한 현황과 문제점을 해결하기 위한 정책 방안을 마련하시오.

면접TIP 지방소멸은 우리나라의 주요한 문제가 되었다. 이에 대한 자신의 생각을 논리정연하게 설명하고 그에 따른 다양한 사례를 알아두고 있는 것이 필요하다.

디지털으로 빠르게 전환되면서 고령층이 소외되고 있는 상황이 나타나고 있다. 이 문제를 해결하기 위한 방안을 설명하시오.

면접TIP 구체적인 예시(무인·자동화 서비스 등)와 함께 야기되는 세대 차이, 문제점을 제시하며 이에 따른 자신의 생각과 해결 방안을 제시하는 것이 좋다.

스타트업 기업의 현황과 대두되고 있는 고질적인 문제점을 해결하기 위한 방안을 마련하시오.

면접TIP 스타트업에 대한 문제점과 사례를 조사해보고 그 해결방안을 정리해둔 자료를 제시하면서 답변하는 것이 좋다.

청년고용 정책을 보완하기 위한 방안을 마련하시오.

면접TIP 현재 지원하고 있는 청년정책을 고민해보고 그에 대한 본인의 생각을 첨부하여 설명하는 것이 좋다.

생성형 AI로 만들어지는 이미지나 글에 대한 본인의 생각에 대해서 설명해보시오.

면접TIP 생성형 AI로 만들어지는 이미지나 글은 현재 전문가들 사이에서는 의견이 분분하게 갈리고 있다. 그에 대한 본인의 생각을 답변하는 것이 좋다.

AI 디바이드에 대한 정의와 본인의 생각에 대해 설명해보시오.

면접TIP AI 디바이드는 인공지능의 기술에 대한 혜택을 균등하게 누리지 못하는 불균형 현상을 의미한다. 이에 따라 AI 기술의 발달로 그 기술을 사용하는 사람과 사용하지 못하는 것으로 이제 나누어지게 된다. 그에 대한 본인의 생각을 정리하여 설명한다.

04 집단면접

CHAPTER

리더십 # 협동성 # 상황판단력

개념

토의 주제는 당일에 주어지며, 한 가지 주제에 대해서 다수의 응시자가 서로 토의를 하는 방식이다. 응시자들은 입실 후 조별 전원이 주제에 대해 논의한 후 토의를 한다.

특징

여러 명의 응시자를 하나의 조로 편성한 후 자유로운 토론 과정을 통해 리더십, 협동성, 상황판단력 등을 평가한다.

집단면접 작성 요령

응시자들과 협력하는 자세를 지니도록 한다.

다른 응시자들 의견을 깎아내리거나 자신의 주장만 우기는 행동은 협동성에 미치지 못하는 태도이다. 자신의 의견만큼 다른 응시자의 의견을 존중하고 수용하는 모습도 중요하다. 다른 응시자들과의 소통도 중요하다. 너무 방어적인 자세나 과한 배려도 적절하지 않은 태도이므로 주의하도록 한다.

의견을 간결하고 정확하게 전달하도록 한다.

토의는 절충안을 찾는 문제가 아니다. 나의 논리적인 사고와 의견을 정확하게 전달하느냐가 중요하다. 정확하게 전달하기 위해서는 의견에 근거가 있는지가 중요하므로 사전에 정보를 충분히 습득해야 한다. 다른 응시자의 의견을 정리하며 의견을 제시하는 것도 좋다.

일정한 자세를 유지한다.

지나치게 흥분하거나 자신의 의견만을 주장하는 모습은 삼가며, 합의를 유도하여 토론을 매끄럽게 진행하는 모습을 보여주도록 한다.

집단면접 답변 써보기

응시자의 협동성과 상황판단력을 평가하기 위한 유형이다. 이때, 면접관들은 토의에 임하는 태도도 함께 평가한다.

특수 범죄자 얼굴 및 신상 공개 여부에 대한 자신의 입장과 견해를 밝히시오.

면접TIP 범죄자의 신상을 공개하라는 국민의 목소리가 크다. 그것을 예시로 뒷받침할 수 있는 구체적인 근거를 제시하도록 한다.

반려동물의 진료비에 부가가치세를 부과하는 것에 대한 견해를 밝히시오.

동물실험에 대한 당신의 견해에 대해 밝히시오.

면접TIP   동물보호법에 따라 동물실험은 적법하게 이루어지는 것에 대한 생각을 말한다. 동물복지에 대한 자신의 가치관을 설명한다.

CCTV를 설치하는 것에 대한 찬반의견을 선택하고 그 근거에 대해 설명하시오.

면접TIP   CCTV 설치는 안전성과 프라이버시 문제로 찬반이 나누어진다. 이에 대한 본인의 생각을 정리하여 답변한다.

노인 복지의 연령 상향조정에 대한 자신의 입장과 견해를 밝히시오.

면접TIP 인구가 줄고 고령화가 가속화 됨에 따라서 외국에서는 정년을 늘리고 복지 연령도 상향하고 있다. 그에 대한 본인의 생각을 정리하여
답변한다.

고령운전자의 면허를 반납하는 것에 찬반의견을 선택하고 그 이유를 설명하시오.

면접TIP 고령운전자의 사고율이 높아짐에 따라 반납을 하면 그에 대한 지원을 하는 정책이 진행되고 있다. 그 정책에 대한 본인의 생각을 답변
한다.

AI를 업무에 활용하는 방안에 대한 자신의 입장과 견해를 밝히시오.

면접TIP   공지능 기반의 행정 지원 서비스가 공무원과 국민 모두에게 혁신적인 변화를 가져올 수 있다는 점에서 그에 대한 장점과 단점을 정리
         하여 자신의 입장과 견해를 설명한다.

사회적 혐오 표현을 사용하는 것을 법적으로 규제하는 것에 대한 찬반의견을 선택하고 그 이유를 설명하시오.

면접TIP   사회적으로 혐오표현은 차별을 하는 표현으로 이것을 규제하는 것에 대한 자신의 의견을 정리하여 설명한다.

현재 사적제재 문제가 불거지고 있다. 이에 대한 본인의 입장과 견해를 밝히시오.

면접TIP　사적제재는 법적으로는 엄연히 불법인 사안이다. 불법적인 것을 밝히면서 본인의 입장을 밝힌다.

미래 먹거리로 떠오르고 있는 배양육에 대한 본인의 입장과 견해를 밝히시오.

면접TIP　배양육은 환경보호와 생명존중 측면에서 활용 가능성이 높지만 안전성과 비용측면, 축산업계와의 대립 등으로 활용성이 낮은 편이다.
그에 대한 사례를 정리하고 본인의 입장을 정리한다.

면접 기출

대표 기출유형

직렬별 기출

01

대표 기출유형

CHAPTER

소통·공감 # 헌신·열정 # 창의·혁신 # 윤리·책임 # 직무전문성

평정요소별 출제분석

변경(전)	변경(후)
공무원으로서의 정신자세	소통·공감 : 국민 등과 소통하고 공감하는 능력
전문지식과 그 응용능력	헌신·열정 : 국가에 대한 헌신과 직무에 대한 열정적인 태도
의사표현의 정확성과 논리성	창의·혁신 : 창의성과 혁신을 이끄는 능력
예의·품행 및 성실성	윤리·책임 : 공무원으로서의 윤리의식과 책임성
창의력·의지력 및 발전 가능성	직무 전문성 : 해당 업무수행의 전문성

수록된 문항분석

중요도	출제빈도	참고사항
★★★	출제빈도 90%	
★★	출제빈도 60%	면접 질문의 출제 빈도를 ★로 확인해보세요!
★	출제빈도 30%	면접기출 빈도를 확인하고 자주나오는 유형을 중점적으로 답변을 준비해 보세요.
빈칸	출제빈도 10%	

반드시 물어보는 질문 답변 써보기

면접 질문에 대한 답변을 써보면서 면접 질문 답변에 대한 방향성을 설계해가도록 한다.

당신은 왜 공무원이 되고자 합니까?

면접TIP 공무원을 선발하는 시험에서 가장 중요시되는 것은 바로 공직에 대한 개인의 인식 정도, 즉 공직관이다. 공무원이 비록 취업이 힘들고 불안한 시기에 안정적인 직업이라는 이유로 선호되는 것이 현실이나, 공무원은 사기업에 비해 보수가 낮을 뿐만 아니라 국민의 공복(公僕)으로서 봉사정신과 희생정신이 요구되는 직업이기도 하다. 이러한 직업적인 특징으로 인하여 공무원이 되고자 하는 사람은 확고한 공직관과 신념을 가지고 있어야 한다. 면접관이 근무조건에 대한 질문으로 수험생을 압박하는 것은 수험생의 각오를 확인하고자 하는 것임으로 평소에 이에 대한 자신의 생각을 잘 정리해 두어야 한다.

공무원의 뇌물수수에 대해서 어떻게 생각하십니까?

면접TIP 과거부터 관리들을 청백리와 탐관오리로 양분화했던 것에서도 볼 수 있듯 국민들의 세금을 받는 공무원들은 사기업인에 비해 높은 도덕성이 요구된다. 게다가 최근에는 인터넷을 비롯한 대중매체가 발전하면서 이러한 현상은 더욱 강화되는 추세이다. 이에 대비해 수험생은 일반적으로 요구되는 윤리관 및 공무원으로서 갖추어야 할 윤리관을 정립해 두어야 한다.

본인만의 스트레스 해소법이 있다면 무엇입니까?

면접TIP 힘들고 어려운 일이 생겼을때의 대처법을 파악하기 위한 질문으로, 가치관이나 평소의 생활습관을 확인하기 위한 질문이다. 또한 조직 생활에서 빈번하게 일어나는 갈등상황에서의 상황대처능력 및 자기관리능력 역시 확인할 수 있는 질문으로 적절한 답변을 준비해 가 는 것이 좋다.

조례 제정과정에 대해서 설명하시오.

면접TIP 공무원에게 요구되는 사항 중 요즘 강조되는 것이 바로 전문성이다. 전문성과 경쟁력은 사기업과 어울리는 단어들로만 여겨지나 최근에는 모든 분야에서도 전문성이 중요해지고 있다. 공무원의 경우 직렬이 나뉘어 있으므로 자신의 전공을 살릴 기회는 충분하다. 또한 자신의 전 공과 다른 직렬을 선택하였을 경우에는 두 가지 모두 잘 알고 있는 것이 중요하다. 비록 한두 문제로 물어보는 전공상식으로 전문성을 파 악하기는 힘들겠지만 그 기회를 놓쳐서는 절대 안 된다.

당신의 장점은 무엇입니까?

면접TIP 실제로 공무원 면접뿐만 아니라 사기업 면접에서도 빠지지 않는 문제유형으로 가장 쉽게 수험생의 성격을 파악할 수 있는 질문이다. 하지만 수험생들에게는 가장 어렵게 느껴지는 질문으로 객관적으로 자신의 장점을 단적으로 표현하기는 쉽지 않게 느껴질 것이다. 따라서 평소에 친구나 가족 등 주변인들의 도움을 받아 객관성이 높은 대답을 준비해 두는 것이 좋다.

막무가내로 항의하는 민원인에게 어떻게 대처할 것인가?

면접TIP 민원인과 관련한 질문은 매년 빠지지 않고 출제되는 문제이다. 문제처리능력과 갈등해결능력을 보는 것으로 공무원 헌장에 맞는 답변을 준비하는 것이 좋다.

지방자치제란 무엇입니까?

면접TIP 지방직 공무원들을 있게 하는 중점 요소이다. 주로 지방자치제와 함께 지방의 특성을 살릴 수 있는 방법 혹은 지역경제 전반에 관한 것 등이 질문으로 구성된다.

우리 지역의 상징물은 무엇입니까?

면접TIP 지방직 공무원은 그 지역에서 일할 사람을 뽑는 것이다. 그렇다면 그 지방에 대해서 많은 것을 알고 있어야 한다. 주로 지역의 상징, 현황, 중점사업 등을 물어보므로 각 시·도 홈페이지를 통해 면접 전에 꼭 확인하여야 한다.

국가직 공무원과 지방직 공무원, 동시에 합격한다면 어떻게 하시겠습니까?

면접TIP 지방직 공무원의 공직관에 관한 질문으로 가장 많이 받게 되는 질문이다. 공무원시험의 경우 합격자가 등록을 포기하면 보결이 준비되어 있지 않으므로 내년에 더 뽑아야 한다. 이런 경우를 대비하고 인재를 자신의 지역으로 더 많이 끌어들이고 싶어 하는 것은 당연한 일이다.

지역공동체를 위한 봉사를 하거나 개인적으로 누군가를 도운 적이 있는가?

면접TIP 학교에서의 대외활동 외에도 평소에 어떤 활동을 했는지 알아보기 위한 질문이다. 사소한 도움이어도 좋으니 자신의 경험을 함께 이야기하는 것이 좋다. 공무원은 국민을 위한 직업이므로 그에 맞게 답한다.

기출 질문

예시 답변으로 기출 질문 확인하자

예시 답변과 면접TIP을 참고하여 다양한 면접 질문에 대비할 수 있도록 준비한다.

★★★
자신이 생각하는 공무원은 어떤 존재입니까?

 TV의 어느 프로그램에서 시골에서 일하는 공무원 가족의 일상을 방영한 적이 있습니다. 그들은 우리를 탈출한 소를 찾으러 가는 등 어찌 보면 소소하다고 할 수 있는 일들을 해나가고 있었습니다. 하지만 그들이 없다면 그 마을의 일상은 조금 달라질 것입니다. 저는 공무원이란 이 시골 마을의 공무원처럼 시민들이 생활하는 데 불편함을 느끼지 않도록 봉사하는 그런 존재라고 생각합니다.

 공무원을 공복(公僕)이라고는 하지만 사실 평소에 그런 것을 느끼기란 쉽지 않습니다. 하지만 지역에 크고 작은 일이 생겼을 때 가장 먼저 나서서 일하는 모습을 보면서 공무원에 대해서 다시 생각해 보게 되었습니다. 저는 공무원을 국가와 사회의 일을 자신의 일처럼 여기면서 봉사정신과 자긍심을 두루 갖춘 존재라고 생각합니다.

면접TIP 개인의 공직관을 종합하여 물어보는 것으로 쉬운 듯 하나, 추상적인 답변이 될 수 있으므로 평소에 미리 생각을 해두는 것이 좋다. 자신이 존경하는 역사적 인물이나 주변 인물을 예로 든 후 그에 대한 자신의 생각을 말하는 것도 좋다.

★★★
공무원에 지원한 동기는 무엇입니까?

 우연한 기회에 동사무소에서 아르바이트를 한 적이 있었습니다. 평소 생활 속에서 공무원을 접할 기회가 많지 않아 공무원이 어떠한 역할을 하고 있는지도 잘 알지 못했던 저는 아르바이트 기간 동안 공무원들의 일상을 함께 하면서 일상생활 속에서의 공무원의 중요성과 존재감을 확인할 수 있었습니다. 이때의 경험이 바탕이 되어 저 또한 국가와 사회에 필요한 존재가 되어 자부심을 가지고 국가와 사회에 봉사하고자 지원하게 되었습니다.

면접TIP 공무원의 정신자세를 명확히 알 수 있는 질문이다. 경제 불황을 이야기하는 것보다 자신의 경험과 사실을 토대로 말하는 것이 바람직하다.

★★★
공무원이 사기업의 직원과 다른 점은 무엇입니까?

 공무원은 국민의 세금을 받고 국민을 위하여 봉사하는 자이며, 공익을 추구하는 존재로 개인의 이익을 추구하는 사기업의 직원들과는 근본적인 차이가 있습니다. 공무원들은 자신의 지위를 정확히 알고 국민의 생활개선을 위해 할 수 있는 일을 찾아 해야 하며, 국민 위에 군림하거나 자신들의 이득을 취하고자 해서는 안 됩니다.

 일반 사기업의 직원들이 물질적 보상을 기반으로 거기에 합당한 서비스를 한다면 공무원은 봉사를 하는 존재라고 생각합니다. 비록 공무원에게도 국민의 세금이라는 물질적 보상이 주어지지만, 이는 사기업의 직원들이 받는 보상과는 차이가 있다고 생각합니다.

면접TIP 공무원의 가장 큰 특성인 공익 추구를 강조하고자 하는 질문이다. 공무원으로서 공익에 대한 개념과 추구방법 그리고 지향하여야 할 점에 대해서 구체적으로 제시하여야 한다.

★★★
공무원에게 가장 필요하다고 생각하는 덕목은 무엇입니까?

 저는 공무원들이 조금 더 친절해져야 한다고 생각합니다. 많이 좋아지기는 하였지만 여전히 공무원들은 자신들이 국민들의 공복이라는 사실을 인식하지 못하고 있는 듯합니다. 일부 공무원들의 불친절한 태도나 고압적인 태도는 전체 공무원 이미지를 실추시키고 있으며, 여전히 관공서는 어려운 곳이라는 이미지를 줍니다.

 책임감이 가장 필요합니다. 민원이 생겨서 관공서를 찾으면 바로 해결하지 못하고 관할 부서를 찾는데 4 ~ 5번의 절차가 필요합니다. 담당하는 일이 명확하게 구분되어 있고 그에 대한 책임을 분명히 한다면 이렇게 시간을 낭비하는 일도 없을 것이며, 스스로도 일을 잘 처리하여 전반적으로 행정의 질이 높아질 것이라고 생각합니다.

면접TIP 개인에 따라서 차이가 있을 수 있는 질문이다. 가장 중요한 것은 자신의 생각을 논리적으로 설명하는 것이다. 또한 반론이 있을 수 있음을 생각하고 그에 따른 답변을 준비하는 것이 좋다. 이러한 질문에 답할 때 비난조가 되지 않도록 주의해야 한다.

공무원의 의무는 무엇입니까?

 공무원의 의무로는 성실의 의무, 복종의 의무, 친절공정의 의무, 비밀엄수의 의무, 청렴의 의무, 품위유지의 의무가 있습니다. 이 여섯 가지가 모두 중요하지만 고위공무원들의 비리사건이 국민들에게 공무원에 대한 부정적인 인식을 강하게 심어주므로 청렴의 의무가 가장 중요하다고 생각합니다.

 공무원에게는 6대 의무가 있는 것으로 알고 있습니다. 저는 그중 성실의 의무가 가장 중요하다고 생각합니다. 자신의 위치를 바로 알고 그 일을 성실히 수행한다면 공무원 사회에 대한 부정적인 인식도 사라질 것입니다.

면접TIP 공무원의 6대 의무는 성실의 의무, 복종의 의무, 친절공정의 의무, 비밀엄수의 의무, 청렴의 의무, 품위유지의 의무이다. 하나씩 설명하다 보면 너무 길어질 수 있으므로 우선 6가지 의무를 알고 있음을 알리는 것이 좋다. 또한 단순히 의무에 대한 설명보다는 그것을 이해하고 적용하는 것을 중요하게 여길 수 있으므로 사례를 들어서 설명하는 것도 좋다.

★
공직자의 입장에서 본 "악법도 법이다." 의 의미는?

 법은 사회의 안정성을 지키기 위해서 만들어진 것입니다. 개인들이 각각 악법이라고 생각하고 그 법을 지키지 않는다면 사회는 혼란에 빠지게 될 것입니다. 또한 사회적으로 그 법이 악법이라 폐지되어야 한다고 주장하더라도 아직 폐지가 결정되지 않았다면 그 법을 지켜야 한다고 생각합니다.

 법이라는 것은 개인의 권리를 지키기 위해서 만들어진 것으로 그 법이 오히려 권리를 침해하는 악법이 되었다면 바로 폐지하거나 시대에 맞는 개정이 이루어져야 합니다. 저는 우선은 그 법을 지키면서 법의 개정이 이루어지도록 노력할 것입니다.

면접TIP "악법도 법이다."라는 표현은 법적 안정성을 지키기 위한 것이다. 공무원으로서 법적 안정성을 유지함으로써 사회를 안정시킬 수 있다는 것을 중점적으로 설명하는 것이 좋다. 그리고 아무리 악법이라도 정당한 절차를 거쳐서 개정되기 전까지는 그 법을 지켜야 한다는 것도 더불어 설명한다.

★
당신의 생활신조는 무엇입니까?

 제 생활신조는 라틴어인 "Carpe diem" 으로 이를 우리말로 바꾸면 "현재를 즐겨라" 입니다. 저는 걱정을 많이 하는 편이라 제 주장을 잘 펴지 못하고 나중에 후회하는 일이 많았습니다. 우연히 본 영화에서 현재를 즐기라고 하는 말을 듣고 제 모습을 돌아보게 되었습니다. 저는 과거를 후회하거나 미래를 걱정하면서 지금 순간을 허비하곤 했는데 그때 이후 지금 이 순간에 내가 할 수 있는 일에 최선을 다하자라는 마음으로 지내고 있습니다.

면접TIP 다들 지니는 신조가 있을 것이다. 생활신조는 그 내용이 중요한 것이 아니라 그를 통해 얼마나 많은 영향을 받았으며, 자신의 생활에 어떠한 변화가 있었는지 일상생활에서의 예를 통해 답변하는 것이 좋다.

★★
지방으로 발령이 났으나 가족들이 반대한다면 어떻게 하겠습니까?

 가족들은 낯선 곳에서 혼자 생활해야 한다는 것 때문에 주로 반대를 하실 텐데요, 우선은 가족들과 대화를 통해서 이 사실을 알린 후 이미 지방에서의 생활도 각오하고 있다는 사실을 알릴 것입니다. 그리고 그 곳에서의 생활계획 등을 말씀드린다면 걱정을 덜어드릴 수 있을 것이라고 생각합니다.

 공무원이라는 직업을 갖기 위해서 제가 얼마나 노력했는지를 먼저 알리겠습니다. 그런 후에 지방으로 발령 날 수 있다는 것을 각오하고 선택한 제 입장을 분명하게 설명하겠습니다. 또한 이렇게 제 상황을 가족들께 알리고 설명한 후 지방에 내려가게 되면 정기적으로 본가를 방문하겠다는 계획을 말씀드리겠습니다.

면접TIP 지방으로 발령 날 수도 있다는 점을 염두에 두고 시험에 응시한 것이므로 지방발령도 응하는 것이 당연하다. 이 질문은 가족들을 설득하는 방법을 평가하려는 것이다. 공직생활을 하다보면 국민들을 설득해야 할 일이 생기므로 그에 대한 대처법을 알아보고자 하는 것이다.

★★
오늘날 공직사회에 부정부패가 만연한 이유와 그 해결책을 제시하시오.

 부정부패가 생기는 이유는 경제적인 이유 때문이라고 생각합니다. 일반기업에 비하여 봉급은 적지만 부정적인 방법으로 이득을 얻을 수 있는 경우가 많습니다. 이에 따라 좀 더 현실적이고 합리적인 보상체계가 필요하다고 생각합니다. 또, 공무원들의 정신적인 자세에도 문제가 있다고 생각합니다. '나 하나쯤이야, 이 정도쯤이야, 한 번쯤은 괜찮겠지'하는 무사안일주의와 개인이기주의가 혼합되어 부정이 행해지는 것입니다. 그러므로 윤리교육이 필요하다고 생각합니다. 부정부패 척결을 위한 결의문과 같은 지침은 비록 당장은 그 실효성에 있어서 의심을 받고 있기는 하나 장기적인 면에서 봤을 때 효과를 나타낼 수 있다고 생각합니다.

면접TIP 부정부패는 경제적인 이유에서 비롯되기 쉬우므로 그에 대해서 먼저 언급한 후 합리적인 연봉체제에 대해 이야기하거나, 공직자의 윤리적인 측면에 대해서도 의견을 제시하고 척결을 위한 결의문 등을 이야기하는 것도 좋다.

★★★
공무원이 되기 전에 준비해야 할 것은 무엇입니까?

 전문 지식과 그것을 응용하는 능력도 중요하지만, 공무원으로서의 자세가 제일 먼저 준비되어 있어야 한다고 생각합니다. 아무리 지식이 뛰어나고 능력이 뛰어나도 기본적으로 지녀야 할 공무원으로서의 마음가짐이 부족하다면 역할을 다하지 못하는 것이라고 생각합니다.

면접TIP 공무원으로서의 자질을 파악하기 위한 질문이다.

★
전통 윤리 중 계승하여야 할 것으로는 어떤 것이 있습니까?

 우리나라는 과거, 효(孝)사상을 강조하여 가족 구성원들이 노부모님을 부양했으며, 마을의 노인들까지 공경하며 모셨습니다. 그러나 지금은 효 정신의 약화, 가족의 붕괴로 인해 노인문제가 심각한 사회문제로 대두되고 있습니다. 이를 해결하기 위해서는 전통적인 효 정신을 부활시키고 현대의 상황에 맞게 변형시켜, 한 가족의 문제만이 아닌 지역적·국가적인 것으로 인식해야 한다고 생각합니다.

 예전부터 이웃끼리 서로 돕고 생활을 보살펴주던 향약의 정신이 되살아나야 한다고 생각합니다. 지금 우리사회는 이웃에서 사람이 죽어도 모를 정도로 왕래가 없는 경우가 많습니다. 예전처럼 이웃끼리 서로 자주 왕래한다면, 비록 근본적인 문제 해결책은 아닐 지라도 외롭게 생활하는 어르신들이 줄 것이며, 소년소녀가장에게도 도움이 될 것이라고 생각합니다.

면접TIP 막상 생각하면 잘 떠오르지 않거나 너무 추상적일 경우가 많으므로 한 가지에 대해 논리적으로 대답하는 것이 좋다.

★
우리가 본받아야 할 서양의 윤리사상으로는 어떤 것이 있습니까?

 저는 서양의 윤리사상 중 기부 문화가 생각납니다. 우리나라의 경우 자식들에게 유산을 남겨주는 경우는 많지만 사회를 위해서 환원을 하는 경우는 극히 적습니다. 자식들에게 살 기반을 만들어주겠다는 생각도 좋지만 그것마저도 가지지 못해 힘들게 살아가는 이웃을 도울 수 있었으면 합니다. 요즘 가족의 병이나 개인적인 경험 혹은 캠페인 등을 통해 기부문화가 점차 자리 잡고 있는 것은 좋은 현상이며, 이것을 더욱 장려하기 위해 사회적인 제도를 마련하는 것도 중요하다고 생각합니다.

 '노블레스 오블리주'라고 불리는 고위층의 도덕 정신을 본받았으면 합니다. 과거 우리나라에도 '청백리' 라 하여 청렴한 관리들을 본받으려 노력했으나 급속한 현대화 속에 그런 풍경은 사라지고 고위층 혹은 부유층 하면 부정적인 이미지가 떠오릅니다. 이른바 사회의 고위층이라 불리는 사람들이 자신들의 도덕적 책무를 다하고 솔선수범하는 모습을 보인다면 이런 부정적인 이미지도 사라질 것이며 사회 전반에 이를 본받으려는 풍토가 자리 잡을 것입니다.

면접TIP 우리의 전통을 계승하는 것도 중요하지만, 거기에 새로운 문화의 장점을 가미시켜 발전시키는 것도 중요하다. 우리문화에서 취약한 부분 등을 상반되지 않도록 잘 설명하는 것이 중요하다.

★★★

당신이 원하는 부서가 있습니까? 만약 원하지 않는 부서나 지역으로 발령이 날 경우 어떻게 하겠습니까?

 네, 저는 역사학을 전공하였으며 답사를 다니면서 유적지에 관한 장점과 단점에 대해서 많이 생각해 보았기 때문에 문화나 관광 쪽의 부서에서 일을 해보고 싶습니다. 그러나 타부서로 발령이 난다면, 타부서의 업무를 정확히 알고 있는 것은 아니지만 새로운 일을 배운다는 마음으로 열심히 일하겠습니다.

면접TIP 자신이 원하는 부서에 대해서는 이유를 함께 설명하는 것이 좋으나 무리하게 요구하는 인상을 주지 않도록 신경을 써야 한다. 그리고 원하지 않는 부서나 지역으로 발령 난다고 하더라도 열심히 하겠다는 의지를 보여주는 것이 좋다. 또한 잘 모르겠다고 답변하거나 특별히 마음에 정해놓은 부서가 없다고 답변하면 준비가 부족한 것으로 오인할 수 있으므로 시·도청의 조직표 등을 통해 하는 일을 미리 알고 있는 것이 좋다.

★★

부동산 가격이 오를 것이라는 내부정보를 접한 경우 어떻게 하겠습니까?

 공무원은 국민들의 행정적인 업무를 하기 때문에 그 과정에서 여러 가지 정보를 얻을 수 있을 것입니다. 분명 그중에서는 예로 드신 것처럼 금전적인 것과 직접적으로 관련되는 것들도 많을 것이라고 생각합니다. 이런 정보를 이용하여 재산을 늘린다는 것은 공정하지 못한 것으로 제 명예와 더불어 다른 공무원들의 명예까지 실추시키는 일이라고 생각합니다. 비록 뿌리치기 힘든 유혹인 것은 분명하지만, 그 정보를 활용하여 이익을 취하지는 않을 것입니다.

면접TIP 고위공직자들의 불법적인 재산 증식은 국민들에게 불신감과 함께 상대적 박탈감을 느끼게 하며 불법적인 행위를 한 이들은 종종 파직되기도 하였다. 이런 점을 부각시켜 재산 증식 시 자신의 직위를 이용하지 않겠다는 의지를 보여준다.

★★

당신이 사는 지역에 혐오시설이 들어서게 된다면 어떻게 하겠습니까?

 이성적으로는 꼭 필요한 시설이라는 것을 알지만 내가 살고 있는 지역에 들어온다고 하면 우선은 반대부터 하게 됩니다. 저는 제가 사는 지역에 들어오는 시설의 필요성과 부지의 적합성, 반대급부 등을 따진 후 적합하다고 생각되면 찬성하고 다른 주민들을 설득할 것이나, 부적절하다고 생각되면 이유를 제시하여 혐오시설의 건립을 막을 것입니다.

면접TIP 공익과 사익이 대치하게 될 때의 대처법을 살펴보려는 질문이다. 한쪽으로 치우치는 의견보다는 현실적으로 사안을 대처하는 태도를 보이는 것이 좋다.

★★
정약용의 「목민심서」를 읽어보셨습니까?

 아니오, 조선시대 실학자인 정약용이 지방 관리들이 백성을 다스리는 도리에 대해서 적어놓은 책이라는 것은 알고 있지만 아직 읽어보지 못하였습니다. 비록 읽어보진 못하였지만 책의 내용이 지금을 살아가는 공무원에게도 도움이 될 것이라고 생각되므로 다음에 꼭 읽어보겠습니다.

 네, 대학시절 과제를 위해서 한 번 읽었으며, 공무원이 되고자 하는 마음을 가졌을 때 다시 한 번 읽어보았습니다. 저는 책을 읽으면서 공무원의 도리에 대해서 생각해 보았습니다. 특히 1편의 부임에서 "타 관직은 구해도 목민의 관직은 구해서는 안 된다." 는 구절은 공무원이 되고 나서도 가슴에 항상 새길 생각입니다.

면접TIP 목민심서는 조선 정조 때 정약용의 저서로 여러 책에서 지방장관의 사적을 발췌하여 백성을 다스리는 도리를 논술한 것이다. 그는 이 책에서 지방 관리들의 윤리적인 측면과 농민들의 생활상에 대해서 이야기하고 있다. 비록 조선시대의 저술이긴 하나 지금의 공무원들에게도 적용되는 부분이 있으므로 책을 읽어보았다면 자신의 생각을 곁들이는 것이 좋다.

★★★
다니던 직장은 왜 그만두고 공무원에 지원한 것입니까?

 예전부터 공무원에 많은 관심을 가지고 있었으나 확신을 갖지 못해 일반 사기업에 취직을 하였습니다. 나름 소신을 가지고 취직을 하여 직장생활을 하였지만, 직장생활을 하면서 객관적으로 공무원을 바라보게 되었고, 경력이 쌓이면서 제가 해온 일들을 공무원 생활에 적용한다면 더 잘 할 수 있을 것이라는 생각이 들었습니다. 그래서 공무원에 도전하고자 이전 직장을 그만두었습니다.

면접TIP 최근 직장생활을 하다가 공무원시험에 도전하여 합격하는 수험생들이 늘면서 등장한 질문이다. 직장생활을 해본 수험생들은 합리적인 이유를 제시하는 것이 좋으며, 공직과 사기업에는 차이가 있으므로 그것에 주의하여 답변하고 이전 직장의 험담은 절대 하지 않아야 한다.

★★
조직 생활을 하다보면 개인생활을 희생해야 하는 경우가 많은데 어떻게 생각합니까?

 둘 중 우선순위를 정해야 한다면 공직생활을 우선시하겠습니다. 그러나 공직생활과 개인생활 중 어느 한쪽만 선택하기에는 어려운 문제라고 생각합니다. 개인생활이 안정적이어야 공직생활에 뒷받침이 될 수 있다고 생각하기 때문입니다.

면접TIP 일에 대한 열정과 사고방식을 알 수 있는 질문으로, 한쪽을 선택하겠다는 입장보다 우선순위를 정할 뿐이라는 입장이 좋다.

지원 동기는 무엇입니까?

 몇 가지 이유가 있다고 말할 수 있습니다. 대학생 때 아르바이트로 구청에서 일한 적이 있습니다. 덕분에 저는 다양한 사람들을 만날 수 있는 기회가 있었습니다. 그때 저는 공무원들이 민원인들에게 대하는 행동이 인상 깊었습니다. 공무원들은 민원인이 원하는 일을 돕고 그들이 편하고 안락하게 만들기 위해 노력했습니다. 두 번째 이유로, 저는 대학에서 사회복지를 전공했습니다. 그래서 저는 저의 지식을 필요로 하는 직업을 원합니다. 아무런 문제없이 저의 정열과 지식을 가지고 민원인을 도울 수 있을 거라고 생각합니다. 무엇보다도 저는 사회를 위해서 무언가 하고 싶습니다. 저는 태어나서 많은 것을 받아왔지만 그것에 대해 보답할 기회는 많지 않았기 때문입니다.

면접TIP 단순히 안정적이거나 보편적인 인식으로서의 공무원에 대한 이미지보다는 자신이 생각하는 공무원은 어떤 사람이며, 자신이 공무원이 된다면 어떤 일을 하고 싶은지를 구체적인 예를 들어 설명하는 것이 좋다.

★★★
전공과 무관한 직렬을 선택한 이유는 무엇입니까?

 제 전공은 컴퓨터 공학입니다. 제가 기술직이 아닌 행정직을 선택한 것이 조금은 이상하게 생각되실 수 있으시겠지만, 행정직이라고 해서 컴퓨터를 전혀 사용하지 않는 것이 아니라고 생각합니다. 오히려 대부분의 업무가 컴퓨터로 이루어지고 있기 때문에 제가 가진 기술적인 면을 업무와 결합한다면 업무수행능률이 더욱 향상될 것이라고 생각합니다.

 대학교에서 교양 수업으로 우연히 선택한 '행정학의 이해' 라는 수업에서 행정학에 대해 어려우면서도 묘한 매력을 느꼈습니다. 이를 계기로 관련 수업을 많이 듣게 되었으며, 이렇게 공부를 하면서 점차 여러 가지를 알게 되었고, 제가 알고 있는 지식을 실무에 적용해보고 싶다는 생각에 이르게 되어 행정직을 선택하게 되었습니다.

면접TIP 소신을 가지고 선택한 것이 아니라면 당황스러운 질문이다. 그러나 잘 생각해보면 자신의 전공을 직렬에 적용할 수 있는 부분이 분명히 있을 것이다. 이런 부분을 예로 들어 설명하면서 상반되는 것처럼 보이는 두 가지가 만나 상승효과를 일으킬 수 있음을 강조한다.

★
청계천 복원의 효과에 대해서 설명하시오.

 복개된 부분의 안전에 문제가 생기면서 꾸준히 이야기되다가 전면적인 진행과정을 거쳐 완공된 청계천 복원사업은 그 과정에서 공사를 위한 예산확보, 청계고가도로의 해체로 인한 교통체증, 주변 상인들의 생계 등의 문제들이 거론되었습니다. 그러나 이러한 문제점들을 보완하면서 진행되어 완공된 청계천 복원은 역사의 복원, 친환경적인 도시건설 등에서 그 의의를 찾을 수 있는 사업이었다고 생각합니다.

면접TIP 청계천의 역사와 복원이 가지는 의의를 간단하게 설명할 수 있도록 청계천의 역사 및 복원의 의의와 효과에 대해 사전에 알아두는 것이 좋다. 복원의 효과를 설명할 때는 긍정적인 면뿐만 아니라 부정적인 입장도 함께 제시해 주어야 한다.

재정자립도란 무엇입니까?

 재정자립도란 지방자치단체의 예산 중에서 자체적으로 거두어들이는 세금이 차지하는 비율을 말합니다. 예를 들어 재정자립도가 30%라면 한 해 예산 중 30%만 자체 세금이며 나머지는 국세에서 보조를 받는다는 것입니다. 결국 재정자립도가 낮을수록 국세의 비중이 높아지므로 중앙에 예속되어 진정한 지방자치가 이루어지기 힘듭니다. 이러한 재정자립도를 높이기 위해서 가장 중요한 것은 지방 경제를 활성화하여 안정적인 세원을 확보하는 것입니다.

면접TIP 우리나라 대부분의 지방자치단체의 재정자립도는 낮은 편이다. 재정자립도가 낮으면 중앙에 예속되기 쉬워 지방자치제가 될 수 없는 것이다. 이런 점을 설명하고 재정자립도를 높일 수 있는 방안도 덧붙이는 것이 좋다.

★
경기분도론에 대해서 들어본 적이 있습니까?

 경기도를 서울을 중심으로 북부와 남부로 나누어 만들자는 주장이 경기 분도론입니다. 그린벨트나 군사시설보호구역 등으로 발전하지 못하는 경기북부 지역이 의사결정과정에서 소외되는 일을 극복하기 위해서 경기 분도를 통해 균형적으로 발전하기 위한 것입니다. 자치분권이 중요해지는 시점에 지역문제를 스스로 해결하기 위한 취지라 생각합니다.

 경기도의 지역적 특성에 따라 남북으로 나누어 발전시켜야한다는 것입니다. 1987년 대선 이후 매년 지방선거에 화두로 떠오르는 공약 중에 하나입니다. 현실적인 여건 탓에 실제로 추진되지 않고 있으며, 수도권 인구과밀현상을 부추길 수 있고, 북부 지역의 산업구조와 도시개발이 충분히 고려되지 않았다는 의견도 있습니다.

면접TIP 경상도와 전라도 등의 경우 남북도로 나뉘어 있으나 경기도는 예외이다. 최근 경기도도 남도와 북도로 나누어 그 실정에 맞게 발전시키자는 의견이 나오고 있다. 경기도의 북쪽 지역은 대부분 군사지역이거나 그린벨트로 규제에 묶여 발전이 어려웠다는 면도 있다. 이런 주장을 인식하고 남북도로 나누었을 때의 장점과 분도가 된다면 생길 수 있는 문제점에 대해 이야기한다. 혹은 경기 분도론 자체에 대한 평가를 내리는 것도 좋다.

★
지방의회가 하는 일은 무엇입니까?

 지방의회는 지역주민이 의원을 선출하여 그 의원으로 구성되는 합의제 기관으로 지방자치와 민주주의의 꽃이라고 불립니다. 지방의회는 대체적으로 자치단체의 중요의사를 심의·결정하는 주민대표의 기능, 조례를 제정하는 의결기관으로서의 기능, 마지막으로 예산안 심의·의결을 하는 집행기관의 견제 및 감시기관의 기능을 합니다.

면접TIP 지방의회는 지방자치와 민주주의의 꽃이라고 불린다. 지방의회가 하는 일과 그 일이 미치는 영향 그리고 대략적인 기술을 간략하게 서술해 주고 앞으로의 발전상을 함께 제시해 주는 것이 좋다.

스프롤 현상에 대해 말해보시오.

 도시의 급격한 팽창에 따라 대도시의 교외가 무질서, 무계획적으로 주택화되는 현상을 말합니다. 스프롤 현상이 지속되면 지역의 불균형한 성장과 환경오염, 또 교통량은 증가하게 되어 도시계획에 의한 인구 분산, 산업 구조의 재배치가 대책 방안으로 고려되고 있습니다.

면접TIP 스프롤 현상에 대해 간단하게 설명할 수 있어야 한다. 이에 대책 방안으로 고려되는 사항도 함께 제시해 주면 좋다.

★
베르테르 효과에 대해 말해보시오.

 유명인이나 자신이 롤 모델로 삼고 있던 사람이 자살할 경우, 자신과 동일시하여 자살을 시도하는 현상을 말합니다. 베르테르 효과는 괴테의 젊은 베르테르의 슬픔에서 유래한 것으로 유명인의 자살이 언론에 보도된 후 자살률이 급증하자 이 같은 이름을 붙이게 되었습니다. 심리적인 이유뿐만 아니라 언론에 자극을 받아 시도할 수도 있어 이를 예방하고자 자살 보도권고 기준을 세웠고 이 같은 효과는 파파게노 효과라고 하며 자살에 대한 언론 보도를 규제함으로써 자살을 예방할 수 있는 효과를 말합니다.

면접TIP 효과에 대한 정의뿐만 아니라 어디에서 유래되었는지, 이와 반대되는 용어도 함께 설명해주는 것이 좋다.

★★
지방자치단체를 크게 둘로 나누어 설명하시오.

 지방자치단체란 국가의 영토 안에서 법률로서 그 범위를 정하고 그 지역의 주민들을 다스리는 권한을 가진 단체를 의미하는 것으로 크게 보통지방자치단체와 특별지방자치단체로 구분할 수 있습니다. 보통지방자치단체란 특별시, 광역시, 도와 시·군 등을 의미하며, 특별지방자치단체는 지방자치단체조합이 속합니다.

면접TIP 먼저 지방자치단체의 의의를 간단하게 설명하고 둘로 나누어 그 특성에 대해서 설명하는 것이 적절하다. 지방자치단체는 보통지방자치단체와 특별지방자치단체로 나눌 수 있다.

★
페트로 달러에 대해 설명하시오.

석유에 대한 주된 결제통화로서 달러의 위상을 상징하는 용어를 의미합니다. 좀더 폭넓은 국제적 의미로는 달러로만 석유 대금을 결제할 수 있게 하는 체제를 의미하기도 하며 이는 1970년대 미국과 사우디아라비아가 맺은 비공식 계약에 근거한 것입니다.

면접TIP 페트로 달러에 대한 정의와 함께 특징을 덧붙여 설명하는 것이 좋다.

★★
아웃소싱에 대해 설명하시오.

제품생산·유통·포장·용역 등을 하청기업에 발주하거나 외주를 주어 기업 밖에서 필요한 것을 조달하는 방식을 말하며, 계절적·일시적으로 업무가 몰리는 경우 외부 용역에 맡기는 것이 효율적입니다. 때문에 주로 기업에서 활용되었으나, 최근에는 정부부문에서도 관리 업무 혹은 수익성이 있는 사업 등을 민간에게 맡겨 효율성을 높이면서 조직을 줄이는 것이 세계적인 추세입니다.

면접TIP 아웃소싱에 대한 정의를 설명하며 장점과 최근 경향을 짧게 언급해주는 것이 좋다.

★★
법정동과 행정동의 차이는 무엇입니까?

법정동은 법으로 그 이름이 정해진 동이며, 행정동은 행정의 편의성을 위해 정한 동입니다. 예를 들어 망원동의 경우 법정동이며, 망원 1동, 망원 2동으로 나누는 것은 행정동이라고 할 수 있습니다. 이렇게 행정동으로 나누는 것은 행정편의의 효율성을 위한 것이고 이처럼 법정동이 여러 행정동으로 나뉘는 경우, 법정동이 곧 행정동인 경우, 마지막으로 여러 법정동이 하나의 행정동을 이루는 경우가 있습니다.

면접TIP 동(洞)이란 지방행정 구역의 하나로 시·읍·구 아래에 위치한다. 이런 동을 법정동과 행정동으로 나누는데 법정동은 법으로 그 이름이 정해진 동이며 행정동의 경우 행정의 편리성을 위해서 법정동을 세분화한 경우가 많다. 법정동과 행정동의 정확한 정의를 알고 그에 따른 사례를 들어가면서 설명하면 효율적이다.

★★
알 권리에 대해 말해보시오.

일반적인 정보를 수집할 수 있는 권리로, 국민이 정치적·사회적 문제에 관해 자유롭게 접할 수 있고 알아볼 수 있습니다. 개인의 경우에는 공공기관과 사회집단에 대해 정보를 공개하도록 청구할 수 있는 권리를 의미하며, 언론기관의 경우 취재의 자유도 의미하기 때문에 최근에는 연예인 사생활에 대한 보도가 알 권리냐 사생활 침해냐 논쟁이 일기도 합니다.

면접TIP 국민이 정치적·사회적 문제에 관해 자유롭게 접할 수 있고 쉽게 알아볼 수 있는 권리를 말한다. 알 권리에 대한 정의와 함께 대두되는 사례를 들어 설명하는 것이 좋다.

★
사면에 대해 말해보시오.

대통령의 고유권한으로, 형의 집행을 면제해주거나 선고 효력을 없애주는 것을 말합니다. 특정죄목에 대해 일괄적으로 처벌을 면해주는 일반사면과 사면의 대상을 일일이 정해 면해주는 특별사면 두 가지가 있습니다. 특별사면에는 남은 형을 면제해주는 잔형집행면제가 있으며 집행유예를 받은 사람에게 선고를 없애주는 형선고실효 두 가지 방법이 있습니다. 행정처분취소는 행정기관의 처분을 면해주는 조치이며, 징계사면은 파면이나 해임을 제외한 나머지 징계를 받은 공무원들의 징계기록을 없애줍니다.

면접TIP 대통령의 특권으로 형벌을 전부 혹은 일부를 면제하는 것으로 이에 대한 구분도 함께 설명하도록 한다.

★★★
국가 구성의 3요소는 무엇입니까?

국가 구성의 3요소는 국민, 주권, 영토입니다. 여기서 국민의 개념은 종족이나 민족과 반드시 일치하는 것은 아니며 국민은 일정한 국법의 지배를 받는 국가의 구성원을 의미합니다. 다음으로 주권이란 국가의 의사를 결정하는 권력으로 대내적으로는 최고성을 가지며 대외적으로는 독립성, 자주성을 의미합니다. 마지막으로 영토는 국가영역 중 토지로 구성되는 부분으로 영토가 있어야만 영해나 영공을 정할 수 있습니다.

면접TIP 국가 구성의 3요소는 국민, 영토, 주권이다. 이 세 가지만 말하는 것보다 각각의 특성과 의미 등을 함께 설명해 주는 것이 좋다.

기관위임사무와 단체위임사무의 각 특성과 차이점은 무엇입니까?

 지방자치단체의 업무는 고유사무와 위임사무로 나눌 수 있습니다. 이 중 위임사무란 국가나 다른 공공단체의 위임을 받아 지방자치단체에서 행하는 사무로 다시 단체위임사무와 기관위임사무로 나눌 수 있습니다. 이렇게 나누는 기준은 바로 위임받는 대상입니다. 지방자치단체가 위임받을 경우 단체위임사무, 그리고 지방자치단체장 혹은 기타 집행기관이 위임받는 사무일 경우는 기관위임사무가 되는데 이것 말고도 법적 근거 등 약간의 차이가 더 있습니다.

면접TIP 지방자치단체의 업무는 크게 고유사무와 위임사무로 나뉜다. 위임사무는 다시 그 성격에 따라 기관위임사무와 단체위임사무로 구분할 수 있다. 지방자치단체 사무의 특성을 이해하고 유사점과 차이점을 정리해 두는 것이 좋다.

지방자치단체의 사무

- **고유사무** : 지방자치단체가 자기의 의사와 책임하에 자주적으로 처리하는 사무로 중앙으로부터 사후 교정적 감독을 받는다. 비용은 지방자치단체가 전액 부담하고 지방자치단체의 존립 관련 사무와 지방 공공복리에 관련된 사무가 해당된다.
- **단체위임사무** : 국가 또는 상급 단체의 사무가 법령에 의하여 지방자치단체에 위임되어 중앙의 교정적인 감독하에 처리되는 사무로 국가가 비용을 일부 부담한다. 보건소 운영, 예방접종사무, 시·군의 재해구호사무, 도의 국도 유지·보수 사무 등이 해당된다.
- **기관위임사무** : 국가 또는 상급단체의 사무가 법령에 근거 없이 상황에 따라 지방자치단체로 위임되어 지방의회의 간섭을 배제하고 상급 단체의 사전적·전면적 감독을 받으며 처리하는 사무로 국가가 비용을 전액 부담한다. 병역, 인구조사, 경찰, 선거에 관련된 사무가 해당된다.

지방자치단체장이 정하는 법안과 지방의회가 정하는 법안에 대해서 설명하시오.

 지방의회에서 정하는 법안은 조례이며, 지방자치단체장이 정하는 법안은 규칙입니다. 조례는 자치권의 전권능성에 의해 자치업무에 관한 모든 사무를 대상으로 포괄성을 가지나 상위법인 법령의 범위 안에서만 제정이 인정됩니다. 그리고 지방자치단체장이 정하는 규칙은 조례의 범위 안에서 제정되어야 합니다.

면접TIP 지방의회에서 정하는 법안은 조례이며, 지방자치단체장이 정하는 법안은 규칙이다. 이 둘의 특성을 잘 알고 있어야 하며 규칙은 조례의 범위 안에서 제정됨을 잊어서는 안 된다.

★★★

주로 도청에서 하는 업무에는 무엇이 있습니까?

 도청에서 하는 일을 간략하게 설명하면 우선 가장 중요한 것이 시·도 발전을 위한 계획을 세우는 일이라고 생각합니다. 그밖에 수립된 계획에 따라 시·도의 업무를 진행시키고, 민간에서 투자하기 힘든 공공시설을 설치하거나 쓰레기 처리 등의 일을 수행합니다. 또한 민원실에서는 각종 증명서와 자격증을 발급해주고 시·도민의 불편사항을 해결해 줍니다.

면접TIP 도청에서 하는 일은 매우 많다. 일일이 나열하려고 하면 오히려 생각이 나지 않고 이미 말한 업무를 다시 말할 수도 있다. 그러므로 개요를 잡고 순서대로 이해하는 것이 중요하다.

★★★

우리나라의 광역자치단체의 범위에 대해 설명하시오.

 우리나라의 광역자치단체는 총 17곳입니다. 지방자치법에 따라 특별시 1곳, 광역시 6곳, 특별자치시 1곳, 그리고 도 8곳, 특별자치도가 1곳으로 이곳에 속한 행정기구와 의회가 광역자치단체입니다.

면접TIP 우리나라의 광역자치단체에는 지방자치법 제2조 제1항 제1호에 지정된 특별시, 광역시와 특별자치시, 도 및 특별자치도의 행정기구와 의회가 해당된다. 광역자치단체는 총 17곳의 기구와 의회로 이러한 답변을 할 때는 두괄식으로 결론부터 말하고 계산이 진행되는 과정을 이야기하는 것이 좋다.

★★

아웃링크에 대해 말해보시오.

 포털사이트가 아닌 뉴스 사이트에서 직접 뉴스를 보는 방식을 말합니다. 국내에선 큰 포털사이트 내 뉴스를 제공하는 인링크 방식이 일반적이지만 외국은 이용자가 기사를 선택하면 해당 언론 사이트로 넘어가 기사를 접하게 됩니다. 언론사들로서는 포털사이트에 뺏겼던 클릭 수를 찾아올 수 있어 선호하지만, 소비자들은 플로팅 광고와 한눈에 뉴스를 비교할 수 없다는 불편함 때문에 아웃링크보다는 여전히 인링크를 선호하고 있습니다.

면접TIP 뉴스 사이트에서 직접 뉴스를 보는 방식을 말한다. 인링크와 혼동하지 않도록 주의하며 예시를 들어 주면 좋다.

세대 차이에 대해 어떻게 생각합니까?

 요즘 젊은이들이 쓰는 말을 어르신들께 보여드리고 그 뜻을 유추하실 수 있도록 한 후 다시 참가 연예인들에게 유추된 내용을 보여 주고 그 단어를 맞추게 하는 TV 프로그램을 본 적이 있습니다. 저 역시 답을 알아보고자 노력했지만 도저히 알 수가 없었습니다. 그리고 답을 보고 나서야 '내가 사용하는 언어를 어르신들은 그렇게 받아들일 수 있구나'하는 생각이 들었습니다. 점점 옛것의 소중함을 잊고 살아가며 전통과의 단절은 더욱더 심해지고 있습니다. 전통과의 단절은 세대 차이로 연결됩니다. 이에 대한 해결책으로 먼저 가까이에 계시는 부모님과 대화를 통해 서로를 알아가는 노력이 필요하다고 생각합니다.

 과거에는 세대 차이를 대수롭지 않게 여겼습니다. 어른들은 다 '젊은이들이 하는 것이 못마땅하고 미숙하게만 느껴지시겠지'라고만 생각했습니다. 하지만 사회적인 사건을 대하는 태도를 보면서 부모님과 제가 너무나 다른 생각을 하고 있다고 느끼게 되었습니다. 심한 비약일지 모르나 앞으로 이런 단절이 심화된다면 단순히 세대 차이가 아닌 세대 간의 갈등도 야기할 수 있을 것입니다. 이러한 상황을 막기 위해서는 대화가 가장 중요하며 많은 시간을 갖고 서로를 이해하기 위한 노력이 필요하다고 생각합니다.

면접TIP 과거에 비해 문화의 변화 속도가 더욱 빨라지면서 세대 차이는 단순히 개인적인 문제가 아니라 사회의 문제가 되었다. 젊은 세대는 그 기성세대들의 지혜를 본받고 배워야 하며, 기성세대들은 젊은 세대를 이해할 수 있어야 한다. 이런 기본적인 생각에 자신의 의견이나 경험을 덧붙이는 것이 중요하다.

★
당신은 지금 일본인과 협상 중입니다. 그에게 독도문제를 어떻게 설명하겠습니까?

 독도는 분명 우리나라 땅입니다. 일본인에게 협상 중에 이것을 인식시키기란 상당히 곤란한 일입니다. 하지만 우리 쪽에서는 그것을 증명할 수 있는 분명한 자료들을 가지고 있으므로 논리적으로 접근하여 그가 스스로 독도가 한국 땅임을 인정하도록 하겠습니다.

면접TIP 같은 한국인끼리 혹은 제3자에게 독도가 우리의 땅임을 설명하기는 쉬우나 일본인에게 설명하자면 감정적인 대응이 되기 쉽다. 또한 일본인과의 협상을 성공적으로 수행해야 한다. 둘 다 성공할 수 있도록 적극적이면서 객관적으로 설명해야 한다.

★
중국의 동북공정에 대한 당신의 생각은?

 동북공정은 중국이 고조선이나 고구려, 발해 등 만주지역을 중심으로 활동한 우리 민족의 역사를 자신들의 역사로 편입하고자 하는 것으로 알고 있습니다. 뿐만 아니라 최근에는 한복, 김치, 위인까지 주장하고 있습니다. 이는 역사 왜곡뿐만 아니라 우리나라가 통일되었을 때 영토분쟁 문제가 생길 것을 대비하는 것으로 우리는 이에 지속적으로 관심을 가지고 우리나라 역사라는 것을 분명히 밝혀야 합니다. 또한 아직 미흡한 연구가 많으므로 지속적으로 연구를 해야 합니다. 이 과정 중에 중국과 마찰이 생길 수 있으므로 외교적 노력도 게을리 해서는 안 됩니다.

 중국은 동북공정을 통해 우리의 민족사를 자신들의 지역에서 일어난 소수민족의 변방사로 포함시키고 있습니다. 그들은 이러한 작업을 통해서 이미 고구려의 문화유산을 자국의 것으로 세계문화유산에 등록하고 많은 고구려 유산을 방치하거나 훼손하고 있습니다. 이는 우리민족의 역사와 함께 자신들의 치욕스러운 역사도 지우려는 것입니다. 우리는 외교적인 노력을 꾸준히 하여 우리의 민족사가 훼손되는 것을 막아야 합니다.

면접TIP 중국은 고구려사를 중국의 변방사라고 주장하고, 한국의 전통, 문화 등을 자신들의 것이라 억지 주장을 하면서 여러 가지 외교활동을 펼치고 있다. 여기서 중요한 것은 중국이 노리는 것이 무엇인가와 거기에 대한 대응책을 강구하는 것이다.

★★
안락사에 대해 찬성과 반대의 입장에서 말하시오

 찬성하는 입장
- 환자의 고통을 덜어 줄 수 있다.
- 환자 가족들의 육체적, 정신적, 경제적 고통을 덜어줄 수 있다.
- 법적으로 뇌사를 인정하게 된다면 장기이식이 가능해져 다른 사람을 살릴 수 있다.

 반대하는 입장
- 아무리 스스로가 찬성하였다 하더라도 살인행위다.
- 새로운 의료방법이 개발되어 치료받을 수 있는 권리를 박탈하는 것이다.
- 안락사가 허용된다면 그것을 악용하여 살인행위가 행해질 수 있다.

면접TIP 현재 안락사가 허용되는 경우는, 불치의 병으로 사기(死期)가 임박하였을 때, 육체적인 고통이 차마 눈으로 볼 수 없을 만큼 극심하거나 고통을 완화시킬 방법이 없을 때, 환자의 의식이 명료할 때에는 본인의 동의가 있을 때, 원칙적으로 의사에 의해 시행되고 그 방법이 윤리적으로 타당하다고 인정될 수 있을 때 등이 있다.

★★

결식아동들에게 제공된 도시락의 문제점이 지적된 바 있습니다. 그런 일이 생기게 된 이유는 무엇이며, 그에 따른 해결책을 제시하시오.

결식아동의 도시락 파문은 정책의 부재 및 예산확보의 부족에서 기인하였다고 생각합니다. 이런 면에서 공무원 사회의 부정적인 모습을 보게 되어 안타까운 마음이 들기도 하였습니다. 앞으로 이런 일이 재발하는 것을 막기 위해서는 현장방문 등을 통한 담당실무자의 책임감 확충이 필요하며, 전체적으로는 치밀한 계획수립 및 예산확보를 위한 노력이 필요하다고 생각합니다.

면접TIP 도시락 문제가 생겼을 때를 언급하고 문제점을 다시 한 번 상기시킨 후, 원인과 결과에 대해서 이야기하는 것이 적절하다. 이때 주의할 점은 자신이 제시한 원인과 해결책이 인과관계에 있어야 한다는 것이다. 언론매체 등을 통해서 들은 주장이나 타인의 주장을 나열하다 보면 원인과 해결책이 상반되는 경우도 생길 수 있다.

★

군과 관련한 군대 내 총기 난사사건이나 총기 탈취사건 등 불미스러운 일이 발생하는 이유는 무엇이라고 생각합니까?

이와 같은 사건이 발생하는 이유는 사회적 환경과 군대환경의 차이에서 비롯된다고 생각합니다. 비록 군대가 과거에 비해서 많이 변화하고 있다고는 하지만 요즘 청년들의 사고방식과 맞지 않는 것이 상당부분 존재합니다. 그러나 이를 군대의 책임만으로 돌릴 수는 없습니다. 군대는 특수한 환경으로 그에 따른 규칙이 있기 마련인데 사회에서의 생활을 그대로 유지하려 하면 안 된다고 생각합니다. 가장 바꾸기 힘든 것이 생활방식이라고 합니다. 쉽지는 않겠지만 꾸준히 이런 차이를 줄이도록 양자가 노력해야 한다고 생각합니다.

면접TIP 군대에서 이와 같은 사건들이 발생하는 이유를 논리적으로 설명하는 것이 좋으며, 만약 군대를 제대하였다면 자신의 경험을 덧붙이는 것도 좋으나, 이야기가 너무 산만하게 진행되지 않도록 한다.

★
유가상승이 우리 경제에 미치는 영향과 그에 따른 대책은?

 우리나라는 석유가 생산되지 않는 나라이면서 석유 사용량이 많은 산업구조를 가진 나라입니다. 그렇기 때문에 유가가 상승하게 되면 생산비가 상승하게 되고, 그로 인하여 수출에 장애가 생기게 됩니다. 대외 수출뿐만 아니라 가계 생활비에도 유가상승은 바로 영향을 미치게 됩니다. 석유의 사용량을 줄이기 위해서는 대중교통을 이용하거나 전기를 아껴 쓰는 등의 노력이 필요합니다.

 우리나라에서는 석유가 생산되지 않습니다. 그렇기 때문에 유가가 상승한다면 그만큼 외국으로 빠져나가는 돈이 많아진다는 것을 의미합니다. 또한 생산비의 상승으로 수출도 힘들어져 보유하고 있는 외화가 줄어들게 됩니다. 이와 같이 유가상승이 경제에 미치는 효과는 매우 큽니다. 그러므로 석유를 절약하기 위해 장기적으로 산업구조의 변화 및 대체 에너지의 개발이 필요하다고 생각합니다.

면접TIP 유가상승은 우리나라 경제에 미치는 영향이 매우 크다. 우선은 생활 속에서의 영향을 서술한 후 경제적 파급효과를 설명하는 것이 적당하다.

★★
성범죄자의 신상공개에 대한 자신의 견해를 말하시오.

 저는 성범죄자의 신상을 공개하는 것이 좋다고 생각합니다. 이미 범죄를 저지른 뒤인데 공개하는 것은 오히려 혼란을 야기한다는 의견도 있지만, 늦게라도 신상을 공개해야 성범죄를 예방할 수 있다고 생각하기 때문입니다. 신상공개를 통해 성범죄는 순간의 실수로 일어나는 것이라는 그릇된 인식에서도 탈피할 수 있다고 생각하며, 물론 범죄에 대한 강력한 처벌이 우선이기는 하나, 예방책 중 하나로 신상공개를 하는 것도 좋다는 것이 저의 입장입니다.

면접TIP 논리적이고 솔직하게 설명하되, 자신의 견해를 주장하다가 지나치게 흥분하는 모습은 보이지 않도록 한다.

★★
10년 후 자신의 비전에 대해 말하시오.

 10년 후의 저는 여전히 공무원 일을 하고 있을 것입니다. 소망하는 일에 대한 소중함을 품고 항상 최선을 다하는 사람이 되어 있을 것입니다. 인간적인 모습과 일에 대한 전문 지식과 능력으로, 경험이 부족하여 어려움을 겪는 후배에게 흔쾌히 도움의 손길을 줄 수 있는 선배가 되고, 후배들이 어려울 때 편하게 도움을 청할 수 있는 그런 선배가 되는 것이 저의 비전입니다.

면접TIP 비전과 자세를 물어보는 것은 응시자의 인성과 자기계발을 어떻게 할 것인지 알아보기 위한 질문이므로 직급보다는 어떤 사람이 되고 싶은가를 언급하는 것이 좋다.

★★
김영란법에 대해 어떻게 생각합니까?

 김영란법은 공직자의 부정한 금품 수수를 금지하도록 제정된 법안입니다. 우리나라의 정 문화로 호의와 뇌물의 경계가 모호한 부분이 있다고 생각합니다만, 접대문화를 근절하고 이 사회가 더욱 투명해지기 위해서는 반드시 필요한 법이라고 생각합니다.

면접TIP 지원자의 가치관을 의심할 수 있는 답변은 피하도록 한다.

★★
다른 대기업에도 원서를 접수하였습니까?

 네, 타 기업 두 곳에도 원서를 접수하였습니다. 제 전공분야와 맞고 그쪽 계통에서 일하고 싶어서 응시하였으나, 그 일은 공직생활에서도 충분히 응용할 수 있는 일이라고 생각합니다. 또한 앞으로의 발전 가능성을 살펴보았을 때 저는 공무원을 우선순위에 두고 있습니다.

면접TIP 이 질문은 공무원을 대기업 시험에서 탈락하였을 경우 차선책으로 여기는지를 알아보고자 하는 것이다. 만약 타 기업에 응시하였다면 정직하게 말하는 것이 좋으나, 공무원이 나중이라는 인상을 주지 않도록 강한 의지를 표명해 주는 것이 좋다.

★★★
상사의 의견이 부당하다고 생각되거나 자신의 주장과 다르다면 어떻게 하겠습니까?

 상사가 지시한 명령이 부당하다고 느껴질 수 있으나 제가 신입이라 일에 대해 정확하게 파악하지 못하여 생기는 오해일 수도 있습니다. 그렇기 때문에 우선 그 명령을 따르고 저의 의견을 다시 한 번 검토해 보겠습니다. 그런 후에도 부당하다는 생각이 든다면, 저의 생각을 정리하여 제시하겠습니다.

면접TIP 상사의 의도를 파악하고 자신의 역할과 임무를 확인하고 자신의 의견을 다시 한 번 검토해 본다는 정도가 적절하다.

자신의 장점과 단점은 무엇입니까?

 저는 무엇이든 완벽해야 만족을 하기 때문에 철저한 사람이라는 소리를 많이 듣습니다. 오해의 소지들도 제가 알고 있기 때문에 인간관계에 있어서 세심한 주의를 기울이려고 노력하고 있습니다.

면접TIP 평소 자신의 성격을 파악하여 설명하기란 쉬운 일이 아니다. 사전에 지인들로부터 자신의 성격에 대한 생각을 미리 듣고 준비하는 것이 도움 될 것이다.

★★★
자기소개를 해보시오.

 안녕하십니까? 맡은 일에 최선을 다하는 지원자 ○○○입니다. 초등학생 보습 학원에서 아르바이트를 할 때, 활발하고 외향적인 성격으로 학원 학생들과 쉽게 친해졌습니다. 친해진 아이들 모두가 자신이 원하는 결과를 냈으면 좋겠다는 마음으로 한 명, 한 명에게 최선을 다했던 기억이 있습니다. 그러면서 저도 함께 자극을 받아 성공적인 공무원이 되고자 지식, 기술, 태도 등을 익히기 위해 열심히 노력하고 최선을 다했습니다.

면접TIP 어떤 면접에서든 꼭 받게 되는 질문이다. 이 질문에는 답이 없으며, 쉬운 듯하나 당황하기 쉬운 질문이다. 이런 질문에는 너무 많은 이야기를 하는 것은 좋지 않다. 자신의 장점이 부각될 수 있도록 하며 단점의 경우에는 짧고 간단하게 그리고 그 단점을 고치기 위한 노력을 하고 있음을 보여준다.

★★
당신의 취미는 무엇입니까?

 제 취미는 독서입니다. 어떤 분은 항상 책을 읽어야 하므로 독서는 취미가 아니라고 하시지만 제 생활 속에 가장 밀접하게 닿아있는 것은 독서입니다. 잘 집중을 하지 못하고 산만한 제게 지인이 추리소설을 권해줘서 책을 읽게 되었습니다. 여전히 덜렁거리지만 예전보다 좀 더 차분해졌고 추리소설을 접하다 보니 논리적으로 생각하는 습관을 가지게 되었습니다.

 제 취미는 요리입니다. 어릴 적부터 맛있는 음식을 좋아했는데 지금은 제가 좋아하는 그 맛을 만들어 내기 위해서 음식을 합니다. 또한 요리를 만들어서 가족들이나 친구들에게 선보일 때면 가슴이 두근거리고 맛있게 먹는 모습을 보면 즐겁습니다. 설거지하는 것이 조금은 번거롭지만 제가 무엇인가를 만들어 내고 그로 인해 주위 사람들이 좋아할 수 있어서 자주 요리를 합니다.

면접TIP 독특하고 이색적인 취미를 가지고 있다면 좋겠지만 대부분 독서나 영화 감상 등의 평범한 취미를 가지고 있을 것이다. 이럴 때는 잘 모르는 것을 취미라고 거짓 대답하기보다는 자신의 취미생활에 대해서 말하고 그에 따른 열의와 함께 그 속에서 얻을 수 있었던 점을 이야기하는 것이 좋다.

★
학창시절 가장 좋아했던 과목은 무엇입니까?

 제가 좋아했던 과목은 미술입니다. 비록 그림을 잘 그리거나 점토 공예를 잘 했던 건 아니지만 선생님이 수업시간에 보여주시는 화가들의 그림을 보며 저런 세상도 있구나하는 생각을 하면서 푹 빠져들곤 했습니다. 지금도 서점에 들러서 책을 볼 때면 그림에 관한 책을 보게 됩니다. 그런 그림을 보면서 마음에 여유를 갖게 됩니다.

 저는 영어를 좋아했습니다. 중학교에 입학하여 접하게 된 영어는 단순히 새롭게 배우는 과목이라기보다는 또 하나의 세상 이었습니다. 선생님께서는 영어에 흥미를 가지는 것이 가장 중요하다고 하시면서 한 달에 한 곡씩 팝송을 가르쳐주시거나 관련 영상 자료를 보여주셨습니다. 그때 배운 팝송을 여전히 흥얼거리고 영상 자료 속에서만 보던 미국을 직접 여행하였으며 여전히 영어에 많은 관심을 가지고 있습니다.

면접TIP 학창시절에 얼마나 성실하게 생활하였는지를 가늠하기 위해서 가장 좋아했던 과목을 물어보는 것이다. 부담 없이 대답할 수 있으나 그 과목이 현재 나의 생활에 어떤 영향을 주었는지도 함께 설명하는 것이 좋다.

★★
최근에 읽은 책 중에서 가장 인상적인 책은 어떤 책입니까?

 스펜서 존슨이 쓴 '선물' 이라는 책을 보고 많은 것을 생각하게 되었습니다. 그 책은 영어의 'present' 라는 단어가 선물이 라는 뜻과 현재라는 뜻을 가졌다는 데서 기인하여 인생 최고의 선물은 현재라는 것을 이야기하고 있습니다. 그리고 현재와 더불어 과거, 미래를 사는 법까지 언급하고 있습니다. 이 책은 바쁘다는 말을 하면서도 정작 시간 활용을 제대로 하지 못 하고 결과를 이루지 못하는 일이 많던 제게 시간 활용의 지혜를 주었습니다.

면접TIP 이 질문은 개인의 관심사를 알아보기 위한 질문이다. 책이나 영화 등을 고르는 관점과 그것을 바라보는 입장을 통해 총체적인 성향 이 드러나기 때문이다. 널리 알려진 베스트셀러나 고전 작품을 읽었을 경우에는 선택하게 된 경위와 자신의 감상을 꼭 덧붙이도록 한다.

★★
사회봉사에 대해 어떻게 생각하십니까?

 사회봉사라고 하면 상당히 거창하거나 돈이 많이 드는 일이라고 생각하시는 분들도 있는 것 같습니다. 하지만 제가 생각하는 사회봉사는 남을 위해서 할 수 있는 일을 하는 것이라고 생각합니다. 그래서 저는 자주 헌혈을 합니다. 저의 피가 누군가에게 도움이 될 수 있다고 생각하면 뿌듯합니다.

 직접 봉사활동을 해본 적은 없지만 TV에서 봉사활동을 하는 사람들을 보면 기분이 좋아지고 스스로 반성도 하게 됩니다. 그리고 그 사람들이 하는 일을 통해서 봉사활동이 대단한 사람들만 하는 것은 아니라는 생각도 하게 되었습니다. 그래서 이제는 조금씩 제가 할 수 있는 일을 찾아서 해보고 싶습니다.

면접TIP 사회봉사는 타인을 위해 자신이 할 수 있는 일을 하는 것으로 꼭 크고 대단한 일을 해야 하는 것은 아니다. 먼저 자신이 생각하는 사회봉사에 대해서 말하고 자신이 실천한 사회봉사. 그리고 그 일을 하면서 느낀 점 등을 소개하는 것이 좋다.

★★
친구가 많은 편입니까?

 정말 친한 친구가 세 명 있습니다. 이 세 명의 친구는 초등학교 때부터 같이 다닌 친구들인데 모두 성격이 다르지만 서로를 위하고 이해하려는 마음을 가지고 있습니다. 나이가 들어 각자 학업과 취업의 시기가 달라지면서 소원해질 법도 한데, 각자 다른 위치에서 겪는 고민을 서로의 방식대로 위로하며 의지하고 또, 다른 시각으로 문제를 바라볼 수 있게 되어 친구의 소중함을 새삼 깨닫게 되었던 적이 있었습니다.

면접TIP 대인관계를 알아보기 위한 질문으로 너무 많은 수를 말하면 깊은 관계를 유지하지 못한다고 여길 수 있으므로 주의한다. 친구에 관해서 말할 때는 그 친구와 있었던 경험 등을 말하면서 장점을 밝히고 자신에게 주는 영향 등을 설명하는 것이 좋다.

★★
동료와 소통 중 겪었던 갈등과 어떻게 해소했는지 말해보시오.

 서로 자신의 목소리만 높이니 해결이 되지 않아 저의 의견은 잠시 내려두고 동료의 의견에 우선 귀를 기울였습니다. 그러자 동료도 점차 진정이 됐고 저의 의견을 말할 수 있었습니다. 대화에는 배려가 필요하다는 것을 다시금 느끼는 경험이 되었습니다. 많은 대화를 통해 서로 의견을 존중하고 절충안을 찾아 서로가 원하는 결과를 얻을 수 있었고, 동료와의 원만한 관계도 계속 유지할 수 있었습니다.

면접TIP 동료와의 갈등을 어떻게 극복했는지는 사회성과 대인관계, 사회적응을 알 수 있는 질문이다.

★
첫 월급을 받으면 어떻게 사용하겠습니까?

 우선 가장 먼저 부모님과 가족들에게 선물을 하고 싶습니다. 평소에 부모님께 필요한 물건이 무엇인지는 알고 있으면서 선뜻 사드리지 못해 아쉬웠기 때문입니다. 또한 월급을 받을 때마다 부모님께 용돈을 드리고 싶습니다. 그 액수로는 충분치 않더라도 오로지 부모님 자신을 위해 쓰시라고 드리고 싶습니다.

 첫 월급이라는 것은 제게 새로운 시작이라고 생각됩니다. 한 달이 비록 짧은 시간이지만 시작과 마무리를 잘한 저 자신에게 선물을 하고 싶습니다. 지금까지 학생이었고 공부하느라 외모에 신경을 많이 쓰지 못했지만 사회생활을 하다보면 격식을 갖추어야 할 자리도 많을 것이라고 생각되어 그럴 때 필요한 정장이나 신발 등을 사고 싶습니다.

면접TIP 이 질문을 통해서 그 개인의 소비 취향과 함께 대인관계, 경제적 관념까지 유추할 수 있다. 자세한 금액은 밝히지 않는 것이 좋으며, 부모님이나 주변사람들에게 선물을 사거나 자기계발에 투자하겠다고 답변하는 것이 바람직하다.

★★
학창시절 아르바이트를 한 경험이 있습니까?

 네, 도서관에서 아르바이트를 한 적이 있습니다. 기본적으로 대출하고 반납을 받고 도서를 정리하는 일을 하였는데 도난서적이 많다는 사실에 놀랐습니다. 또한 자신의 책이 아니라고 훼손하거나 도서관에서 떠드는 사람들을 통해 공중질서가 지켜지지 않는 모습을 보면서 실망스럽기도 했습니다. 반면 도서관에서는 자기계발을 위해 열심히 노력하는 사람들을 많이 볼 수 있는데, 그때 본 그 사람들이 저에게 자극제가 되어 저 또한 저 자신의 개발을 위해 노력하면서 평소에도 책을 가까이 두게 되었습니다.

면접TIP 여러 경험을 해본 것은 좋으나 너무 많은 것을 이야기하면 오히려 참을성이 없고 여기저기 옮겨 다닌 듯한 인상을 줄 수 있으므로 주의하고, 일을 하면서 자신에게 도움이 됐던 점을 꼭 밝혀준다.

★★
합격 후 동기들이 당신에 대해 불쾌한 감정을 가지고 있다면 어떻게 하겠습니까?

 같이 일을 해야 하는 동료들끼리 사이가 좋지 않다면 일의 진행에도 영향을 미칠 수 있습니다. 만약 동기들이 저에게 좋지 않은 감정을 가지고 있다면 술자리를 만들어서 이야기를 하려고 할 것입니다. 만약 오해가 있었다면 풀고, 제가 잘못한 점이 있다면 고치겠다고 이야기하면서 이번 기회를 이용하여 친근감을 가질 수 있도록 하겠습니다.

 저는 이유를 직접 들으면 화가 나거나 사이가 더 나빠질 수 있을 거란 생각이 듭니다. 우선 같이 근무하는 다른 사람들에게 물어 제 평판이나 소문 그리고 동기들이 저에 대해 가지고 있는 불쾌한 감정 등을 알아본 뒤 따로 만나서 그것에 대해서 해명한 후 잘 지내고 싶다는 제 생각을 말하고 싶습니다.

면접TIP 직장에서 동료들과의 화합은 매우 중요하다. 게다가 동기들이라면 더욱 친밀도가 높아야 한다. 이런 점을 감안하여 답변하는 것이 좋다. 너무 이상적이고 추상적인 답변보다는 실현가능한 답변이 중요하며 인간관계 개선을 위해 노력하는 자세를 보이는 것이 중요하다.

★
시험 장소에는 언제 도착하였습니까?

 저는 이동시간이 3시간 이상 소요되어서 시험 전날인 어제 저녁에 도착하였습니다. 우선 근처에 사시는 백부님 댁으로 가서 저녁을 먹고 시험장의 위치와 시간을 알아보기 위해 사전방문을 하였습니다.

 면접시험 공고를 보고 시험 3일 전에 이곳에 왔습니다. 혼자서 자취하는 친구가 있어서 그 곳에서 머물렀으며 머무르는 동안 도시의 관광지 등을 둘러보았습니다.

면접TIP 타 지역에서 온 수험생의 경우 그 곳까지 어떤 방식으로 왔는지, 얼마나 걸려서 왔는지에 대해서 물어볼 수 있다. 이것은 수험생의 생활태도 및 계획성을 알아보고자 하는 것으로 하루 전에 도착한 경우 숙소에 머물면서 했던 일 정도를 가볍게 언급해 주는 것도 좋다.

★★
혼자 길을 가다 아무도 없는 골목길에서 꽤 두툼해 보이는 지갑을 주웠습니다. 어떻게 하겠습니까?

저 또한 지갑을 잃어버린 적이 있어 지갑을 잃어버렸을 때의 어려움을 알기 때문에 주인을 찾아 돌려주고 싶습니다. 하지만 제가 주인을 찾는다는 것은 어려운 일이고, 혹시 연락처를 찾기 위해 지갑을 열었을 때 욕심이 생길 수 있기 때문에 열어보지 않고 근처에 있는 경찰서나 파출소에 가져가겠습니다.

면접TIP 경제적으로 궁핍하지 않더라도 내가 그것을 줍는 것을 본 사람이 없는 이상 가져도 별탈이 없을 것이라는 생각이 들게 된다. 그리고 가방에 든 돈처럼 엄청난 액수가 아니라면 이 정도쯤이야 하는 생각도 들 수 있는 상황이다. 이런 심리적인 상황을 말하고 자신의 행동에 대해 이야기하는 것이 좋다.

★
어떤 경우에 거짓말을 했습니까?

부모님을 안심시켜 드리기 위해 거짓말을 했었습니다. 제게 생긴 일을 부모님께 감추기 위해서가 아니라 제가 스스로 해결할 수 있거나 그다지 큰 일이 아닌 경우에는 걱정하시지 않도록 하기 위해 거짓말을 했었습니다.

면접TIP 개인의 도덕성을 평가하는 동시에 그 사람이 무엇을 중요하게 여기는지 알 수 있는 질문이다. 거짓말 중에 선의의 거짓말 등은 사례를 들어서 이야기하는 것도 좋다. 하지만 아무리 좋은 거짓말이라도 상습적이라는 인상을 남기지 않도록 주의한다.

★★
당신은 스스로 리더십이 있다고 생각합니까?

네. 리드하는 편이라고 생각합니다. 학창시절에 학생회장을 맡기도 했으며, 학부생일 때는 동아리 회장을 맡기도 했습니다. 공익을 위해 일하는 것에 보람을 느껴 솔선수범하는 자리를 맡게 되었습니다.

면접TIP 꼭 리더십이 뛰어나다고 답변하지 않아도 좋다. 그러나 누군가 리드해주지 않으면 아무것도 하지 못한다는 인상은 주지 않도록 주의해서 답하도록 한다.

자신보다 나이가 어린 상관과 함께 근무하실 수 있습니까?

나이가 많고 적음은 중요하지 않습니다. 다만 그들이 제게 요구하는 것이 공무원으로서 마땅한 것인지가 중요합니다. 마땅하다고 생각이 되면 기꺼이 그들의 요구에 응해야 하는 것이며, 공무원으로서 부끄러운 행동이라면 부끄러운 행동이다 말할 수 있는 용기와 중심이 필요할 뿐입니다. 반대의 입장이 되었을 때도 마찬가지입니다. 서로의 능력을 인정하고 존경하고 배려한다면 나이로 인한 상사와의 마찰은 없을 것이라 생각합니다.

면접TIP 　조직 내에서 나이 많은 사람이 반드시 군림하는 것은 아니다. 조직 생활은 나름의 위계질서가 있으며 그 범위 내에서 기본예절은 지켜야 한다. 상사, 동료, 부하의 협력하에 서로에 대한 배려와 존중으로 원만한 조직생활이 이루어진다.

해본 적 없는 일이 당장 내 몫으로 떨어졌을 때 어떻게 할 것인지 말해보시오.

해본 적 없는 일을 나만의 힘으로 하는 것은 무리가 있다고 생각합니다. 큰 문제로 이어지기 전에, 일을 도와줄 수 있는 선배 혹은 동료에게 상황을 설명하고 정중하게 도움을 청하겠습니다. 할 수 없다고 포기하지 않고 도움을 받아 해내겠습니다. 이후 저 또한 반대의 입장이 되었을 경우, 잊지 않고 저 역시 흔쾌히 나서서 도와줄 것입니다.

면접TIP 　응시자의 의지와 문제에 접근하는 방식을 보기 위한 질문이다. 어려움을 어떻게 극복할 것인지를 나타내도록 한다.

우리 시를 문화도시로 만들기 위한 방안에는 어떤 것이 있습니까?

어린이나 청소년 때부터 참여할 수 있는 문화 프로그램을 제공해야 합니다. 또한 경제적으로 어려움을 겪고 있는 사람들을 위한 지원 프로그램을 고려할 필요가 있습니다. 그들은 문화적인 부분에서 소외감을 느끼기 쉽기 때문입니다. 누구든지 문화생활을 즐길 수 있을 때 비로소 문화도시가 될 수 있다고 생각합니다.

면접TIP 　응시자의 창의력 및 발전 가능성을 엿볼 수 있는 질문이다.

★★★
공무원이 되면 야근을 하게 되는 경우가 종종 있으며, 주말에 쉬지 못할 수 있습니다. 당신이라면 어떻게 하겠습니까?

 야근이나 시간 외 근무는 공무원들만 하는 것이 아니며 사기업에서도 자주 행해지는 것으로 알고 있습니다. 갑작스러운 재해나 사건으로 인한 근무는 당연한 것으로 생각하나, 갑자기 늘어난 업무로 인해서 야근을 하게 되는 것이라면 평소보다 일찍 출근을 하거나 점심시간 등을 잘 활용하여 업무진행에 차질이 없도록 하겠습니다.

면접TIP 야근이나 시간 외 근무가 비단 공직사회에서만 행해지는 것이 아니므로 그에 대해서 언급하고 자신의 생각을 덧붙이는 것이 좋다. 또한 야근의 종류에 따라 업무시간을 효율적으로 사용하여 야근 시간을 줄이겠다는 의견도 좋다.

★★
휴일에는 주로 무엇을 하면서 시간을 보내나요?

 저는 주로 휴일에는 집안 대청소를 합니다. 평일에도 청소는 하지만 구석구석 하기가 힘들기 때문에 주말에 대청소를 합니다. 이렇게 주말에 대청소를 하고 푹 쉬고 나면 기분도 새롭고 피로도 풀려서 그 다음 한 주를 새로운 기분으로 맞이할 수 있습니다.

면접TIP 휴일은 혼자서 시간을 관리할 수 있는 날이다. 주말을 어떻게 보내냐에 따라서 다음 한 주의 생활이 달라질 수 있다. 여기에 자신의 상황에 따라서 시간을 관리하는 능력을 보여준다면 더욱 좋을 것이다. 주말에 지인들을 만난다는 답변도 좋으나 그로 인해 다음날 업무에 지장이 있을 것 같다는 인상을 남기지 않도록 주의한다.

★
공무원시험에 합격한 후 발령이 나기 전까지 무슨 일을 하겠습니까?

 대학 학창시절 꼭 해보고 싶었던 것이 배낭여행이었습니다. 합격한다면 발령이 나기 전까지 아르바이트를 한 후 그 돈으로 배낭여행을 다녀오고 싶습니다.

 발령이 나기까지 얼마간의 시간이 주어질지 모르지만 우선 저를 격려해주던 지인들을 만나 감사인사를 하고 싶습니다. 그러고 나서 전부터 배우고 싶었던 중국어 학습을 위해 학원에 등록할 것입니다.

면접TIP 공무원에 합격하고 나면 다소 해이해질 수 있다. 게다가 지금까지 힘들게 공부해 왔기 때문에 놀고 싶은 마음도 있겠지만, 약간의 휴식을 취한 후에 아르바이트나 외국어 공부 등을 통해 꾸준히 자기 개발을 하겠다고 대답하는 것이 바람직하다.

★
가장 공부하고 싶은 나라의 언어는 어떤 것입니까?

 저는 일본어를 배우고 싶습니다. 일본은 우리나라와 매우 가까이에 위치한 나라로 빈번한 교류가 있다 보면 여러 가지 문제 점이 생길 수 있습니다. 민원상의 문제점이 생겼을 때 쉽게 해결할 수 있도록 일본어를 배우고 싶습니다.

 저는 영어에 관심이 많습니다. 학창시절부터 꾸준히 공부를 해왔지만 여전히 영어를 써야하는 상황이 오면, 지레 겁을 먹 게 됩니다. 특히 문법이나 독해에는 자신이 있지만 회화는 미숙한 점이 많습니다. 그래서 회화 공부를 중점적으로 하고 싶 습니다. 요즘은 우리의 주변에서 쉽게 외국인을 만날 수 있습니다. 만국공통어라고 불리는 영어를 할 수 있다면 많은 외국 인들을 도울 수 있다고 생각합니다.

면접TIP 공부하고자 하는 의욕과 함께 수험생이 국제적인 상황을 얼마나 잘 파악하고 있는지 알 수 있다. 영어는 우리생활에서 필수적인 것 으로 여겨지며 대부분의 국가에서 통용되고 있다. 중국어의 경우 가장 많은 인구가 사용하는 언어라고 한다. 중국 시장의 규모도 함 께 염두에 두어야 한다. 마지막으로 일본어는 우리와 가까운 나라로 거품경제를 극복하고 다시 성장해 가는 추세이므로 필요성이 증대되고 있다. 이러한 각 언어의 특성을 설명하고 자신이 주장을 덧붙이는 것이 좋다.

★★
공무원의 장점과 단점은 무엇이라고 생각합니까?

 사기업보다 많은 업무량과 행동에 제약이 있다는 것이 단점이라면 단점일 수 있겠으나 제가 맡은 일이 국가에 헌신하고 국 민에게 봉사하는 공익을 위한 일이라는 것을 생각하면 보람을 느낄 수 있습니다.

면접TIP 안정적인 직업이라는 이유보다는 공무원으로서의 국가에 헌신하고 국민에게 봉사할 때 느끼는 보람을 부각시키는 것이 좋다.

★
졸업하고 무슨 일을 하셨습니까?

 저는 졸업 전부터 공무원시험에 관심을 가지고 있었기 때문에 우선 혼자서 공부하면서 인터넷 카페를 활용하는 등 공무원 시험을 위한 기초를 다진 후 졸업 후에는 학원에 등록하여 꾸준히 공부해 왔습니다.

 취직을 4학년 2학기 때부터 본격적으로 준비했지만 졸업하고도 결과가 나오지 않아 잠시 상심한 적이 있었습니다. 저는 스 스로 마음을 정리하고 여유를 갖기 위해 산사에 잠시 머물렀습니다. 거기서 머무는 동안 세상과 격리되어 조금 답답하다 는 생각도 들었지만 그 시간을 통해서 저의 결점을 발견하고 더 노력하는 계기가 되었습니다.

면접TIP 요즘은 청년실업이 사회적인 문제로 대두되고 있으므로 대부분 졸업 전부터 취직에 대한 준비를 하기 시작한다. 이 질문은 자기 인 생에 대한 계획은 언제쯤 세웠으며, 그것을 얼마나 실행하였는가를 확인하기 위한 질문이다. 무엇을 하였던 그것에 대한 합리적인 답 변을 할 수 있어야 한다.

★
시험 준비 기간은 얼마나 되며 몇 회의 시험을 치렀습니까?

 저는 졸업하고 약 2년 정도 시험을 준비했으며, 시험에는 5회 정도 응시했습니다.

면접TIP 시험 준비 기간은 공무원이 되고자 하는 수험생의 의지와 노력의 정도를 보여주는 것이나 시험 준비 기간이 너무 길면 공부를 꾸준히 하지 않았다는 인상을 줄 수 있다.

★★
이번 시험에 불합격하면 어떻게 할 것입니까?

 저는 공직에서 일하고자 하는 일념으로 꾸준히 준비해왔습니다. 떨어진다면 아쉽겠지만 실패한 원인을 찾아서 분석하여 다시 한 번 도전하겠습니다.

면접TIP 이 질문은 수험생을 압박하여 위기에 대처하는 능력을 보기 위한 것이다. 겨우 면접까지 힘들게 왔는데 떨어진다고 가정한다면 수험생은 순간 혼란에 빠지게 될 것이다. 이럴 때는 자신 있게 대처하는 것이 바람직하며 다시 도전한다는 말로 공무원에 대한 자신의 의지를 보여주는 것이 좋으나 그것이 과도하면 포기할 줄 모르는 집념으로 보여 감점요인이 될 수 있다.

★
좋아하는 스포츠가 있습니까?

 네. 운동을 하면 몸이 건강해질 뿐만 아니라 스트레스를 해소하며 같이 운동하는 사람들끼리 운동이라는 공동 화제를 통해 친해질 수도 있어서 농구나 축구 같은 단체 운동을 좋아합니다.

 네. 초등학교 시절 몸이 허약해서 의사선생님께서 수영을 권하신 이후로 꾸준히 수영을 하고 있습니다. 잔병이 많고 감기에 자주 걸렸지만 수영을 한 이후 몸이 많이 좋아졌으며, 운동을 통해 스트레스를 해소하게 되어 긍정적인 생활을 하게 되었습니다.

면접TIP 일반적으로 스포츠는 협동심과 적극성을 필요로 한다. 이 질문을 통해서 신체의 건강함은 물론 집단생활을 하는 데 필요한 요소들을 확인하고자 하는 것이다. 운동을 즐기지 않는다면 보는 것을 즐긴다는 표현을 사용하는 것도 좋다.

★
다른 나라의 자매도시에서 온 일반 지역민들에게 3박 4일의 일정으로 당신이 사는 지역을 소개해야 합니다. 당신은 어떤 준비와 진행을 해 나가겠습니까?

 저는 저희 지역을 방문하는 이들이 일반 지역민이라는 데 착안하여 우리 지역민의 일상적인 모습을 보여주고 싶습니다. 그러기 위해서 우선 숙소를 일반 가정에서 구하는 홈스테이를 추진하고 싶습니다. 그리고 우리 지역의 명소나 특산품 등을 둘러볼 수 있도록 일정을 계획하겠습니다.

 저는 관공서에서 주민들을 위해서 하는 일들을 소개하고 싶습니다. 그리고 관공서와 함께 주민들이 실행하는 운동 등을 설명함으로써 관과 주민들이 서로 화합하는 모습을 보여주겠습니다.

면접TIP 이 질문은 지역의 명소를 잘 알고 있나와 함께 상대방에 대한 배려, 창의성 등을 알 수 있다. 우선 상대해야 할 대상이 외국인이며 일반 지역민임을 기억해야 한다. 낯선 풍토와 낯선 문화에 대해 불편함을 느낄 수 있으므로 그에 따른 대비를 해야 한다. 그리고 그들이 어렵게 느끼지 않는 수준의 문화를 소개하는 것이 좋다. 마지막으로 일반 가정과 연계하여 일상적인 모습을 보여주는 것도 좋다.

★★
현대사회는 경쟁사회입니다. 경쟁에 대해서 어떻게 생각합니까?

 경쟁상대가 있다는 것은 스스로를 긴장시키고 느슨해지기 쉬운 마음을 단단히 하는 계기가 된다고 생각합니다. 또한 경쟁에서 이기는 것도 중요하지만 그렇게 되기 위해서 노력하는 과정이 더욱 중요하다고 생각합니다. 이에 저는 저 자신의 개발과 더불어 남과 다른 경쟁력을 지니기 위해 운동과 외국어 공부 등을 하고 있습니다.

면접TIP 경쟁이라고 하면 부정적인 면을 떠올리기 쉬우나 긍정적인 면을 부각시키고, 자신의 자기 개발을 위한 노력을 덧붙여주는 것이 좋다.

02 직렬별 기출

행정직 # 기술직 # 법원직 # 국회직 # 경찰직 # 소방직

01 행정직

기출
질문

Q 언론의 부정적인 보도에 대하여 어떻게 대처할 것인가?

Q OO부 홈페이지, 유튜브를 보고난 후 시행 정책과 개선해야 할 점을 말해보시오.

Q 공무원들에게 부족하다고 생각하는 공직가치가 무엇이라고 생각하는가?

Q 시의 재정 확보를 위한 아이디어를 말해보시오.

Q 미납 세금에 대한 징수 방안을 말하시오.

Q 영기준예산(ZBB)에 대해서 설명해보시오.

Q 예산을 집행할 때의 문제점에 대해 말해보시오.

Q 부정청탁 및 금품 수수 금지에 관한 법률에 대해서 설명해보시오.

Q 부패한 공무원이 나타나는 원인에 대해서 말해보시오.

Q 엽관주의란 무엇인가?

Q 혼돈이론의 특징은?

★★
국세와 지방세의 차이에 대해 말하시오.

국세는 국가가 국민에게 부과하는 세금이고, 지방세는 지방자치단체가 부과하는 세금입니다. 대한민국 세금은 약 30여 가지가 있습니다. 국세에는 소득세, 부과세, 교육세, 종부세 등이 있으며, 지방세에는 취득세, 등록세 등이 있습니다.

면접TIP 국세와 지방세의 정의를 분명하게 알아야 한다. 예시를 덧붙이도록 한다.

★
정부실패와 시장실패에 대해 설명하시오.

시장에 의한 효율적인 자원 배분이 되지 못한 상태를 시장실패라고 합니다. 시장실패에 따른 소득의 재분배의 경우는 정부가 개입하는 근거가 됩니다. 이러한 시장실패를 교정하기 위해 정부가 개입해서 오히려 비능률성이 되는 경우를 정부실패라고 합니다.

면접TIP 정부실패와 시장실패에 대한 정의를 바르게 설명하도록 한다.

★

다문화 가정 학생지원방안의 문제점을 분석하고 방안을 제시하시오.

 최근 결혼 이민자, 외국인 노동자 등이 늘어나면서 다문화 가정 또한 급증하고 있습니다. 여러 문화가 공존하며 서로 다른 생활양식을 공유하는 오늘날, 다문화 환경에서 자라나는 학생들의 교육도 중요한 문제로 떠오르고 있습니다. 현재 다문화 교육에 대한 필요성이 대두되고 있음에도 아직까진 형식적인 교육이 대다수이며 일회성 행사로 끝나는 경우가 많습니다. 다문화 가정의 아이들이 적응하기 수월하도록 한국어와 정보화 교육도 필요하지만, 소외되거나 어려움을 겪지 않도록 우선은 이들에 대한 인식부터 개선해야 한다고 생각합니다.

면접TIP 다문화 가정 학생의 특성을 파악하고 이에 따른 방안을 제시하도록 한다.

★★

인터넷 뱅킹 개인정보가 유출됐다는 제보가 들어왔는데, 이를 담당하는 직원이 비협조적일 때 어떻게 대처할 것인지 말하시오.

 개인정보 유출은 2차 피해가 더욱 크므로 빠른 대처가 필요합니다. 만일, 이러한 사태에서 협조를 하지 않는다면 공무원으로서 국민에 대하여 책임을 지지 않는 행위로, 국민들이 공무원에 대한 부정적인 인식을 심어주는 행동이라는 것을 명시하고 자신의 자리에 대해 책임을 다할 것을 종용하겠습니다.

면접TIP 응시자의 자질을 파악하기 위한 질문으로 업무에 대한 책임과 의무를 저버린 행위에 대한 대처를 제시하도록 한다.

★

최저임금 인상에 대한 자신의 견해를 말하시오.

 국민의 안정적인 생활을 보장하기 위해서는 최저임금을 인상해야 한다고 생각합니다. 아직도 주변에는 안정적인 생활을 보장받지 못하는 이웃들이 존재합니다. 치솟는 물가에 비해 오르지 않는 최저임금은 국민들을 힘들게 하고 소외시킨다고 생각합니다. 최저임금은 말 그대로 최저, 기본임금을 보장하는 것입니다. 안정적인 생활을 위해 임금을 인상하여 보장해야 한다는 것이 저의 입장입니다.

면접TIP 논리적이고 솔직하게 설명하되, 자신의 견해를 주장하다가 지나치게 흥분하는 모습은 보이지 않도록 한다.

★★
민간 사회복지사와 사회복지 공무원의 차이점에 대해 설명하시오.

 민간 사회복지사는 일반 기관에 뜻을 가지고 공공의 복지를 위해 일하는 것으로 사회복지기관(노인, 종합, 장애인 기관 등)에서 복지 관련 업무를 담당합니다. 사회복지 공무원은 공무원 시험을 거쳐 국가 소속에서 복지 관련 업무를 합니다. 업무의 강도는 다르겠지만 두 직업 모두 사명감을 가지고 임해야 하는 직업입니다.

면접TIP   민간 사회복지사와 사회복지 공무원에 대해 정확하게 정의를 내릴 줄 알아야 한다.

★
60 ~ 70대 노인의 재취업을 도와야 한다면 어떻게 도움을 줄 수 있는지 말하시오.

 우리나라는 2017년에 이미 고령 사회로 들어섰습니다. 노인들의 수명이 길어짐에 따라 노인들의 취업은 사회적으로도 필요한 시기입니다. 심신기능의 약화, 새로운 기술에 대한 이해 부족 등의 이유로 노인들은 재취업에 어려움을 겪고 있습니다. 노인들의 재취업을 위한 프로그램이 필요하다고 생각합니다. 새로운 기술에 대한 이해력이 문제라면 관련 프로그램을 통해 기술력을 키워야 하고, 그들의 심신기능이 문제라면 업무 강도가 높지 않은 일자리를 제공하는 해야 한다고 생각합니다. 개인의 인식 외에도 제도적으로 취업의 기반이 되는 교육은 반드시 필요하다고 생각합니다.

면접TIP   60~70대의 구직 현황과 고령 사회에 따른 대안을 제시하도록 한다.

02 교육행정직

★★★

최근 이상기후가 발생하면서 기후변화에 대한 대응과 관심이 높아지고 있는데, 이와 관련하여 진행 중인 것을 아는 대로 말하시오.

전 세계를 위협하는 기후변화 대응에 적극적인 참여가 필요하다고 생각합니다. 이와 관련한 사례로, 2020년에 발표된 한국판 뉴딜 종합계획 과제인 그린 스마트 스쿨이 있습니다. 노후학교를 대상으로 태양광 발전시설 설치, 친환경단열재 보강공사 등의 에너지 효율제고가 이루어지는 사업입니다.

면접TIP　자세히 설명하지 않아도, 해당 이슈와 관련하여 진행되고 있는 사업을 알고 있어야 한다.

★★★

타부서와 타 직렬과 업무적으로 협력해야 하는 일이 많은데 협조를 해주지 않을 때 어떻게 대처할 것인지 말해보시오.

먼저 해당 업무 담당자들을 마주하여 객관적인 상황을 언급하고 협업의 필요성을 들어 설득할 것입니다. 그럼에도 협조를 해주지 않는다면 상관에게 이를 보고한 후 협조를 설득하고 요청할 것입니다.

면접TIP　타부서·직렬과의 갈등을 어떻게 해결해나가고 어떻게 화합하여 업무를 수행할지 묻는 질문이다. 원만한 해결 과정으로 업무를 수행할 수 있도록 하는 것이 중요하다.

03 통계직

★★★
통계청의 적극적인 행정우수사례를 말해보시오.

통계청은 선제적으로 환경 문제에 대처할 수 있는 적극적인 행정 분야입니다. 따라서 코로나19 사태에 통신 모바일 빅 데이터를 활용한 국내 인구이동 분석자료를 제공하여 초기 확진자의 동선을 파악할 수 있도록 하였습니다.

★★★
통계청이 국민들의 신뢰를 도모하기 위한 방법을 말해보시오.

청렴입니다. 통계청이 청렴하지 못하다면 중립적인 통계를 생산할 수 없고 그에 따른 피해는 고스란히 국민들이 짊어지게 될 것입니다. 또한 통계청의 보도가 오보인 경우 통계청 홈페이지에서 해명자료를 통해 정정하고 있으나 대부분의 국민들은 알기 어렵습니다. 따라서 해명자료를 보다 적극적으로 홍보하여 바로 잡아야 한다고 생각합니다.

04 검찰직

기출 Q 민원인이 위법사항을 요구할 경우 어떻게 대처할 것인가?
질문 Q 법을 지켜야 한다는 것을 다른 사람에게 설득한 경험이 있는가?
        Q 남을 설득할 경우 감정적으로 대하는가, 이성적으로 행동하는 편인가?
        Q 검찰이 지향하는 방향과 앞으로 어떻게 나아가야 하는지 본인의 생각을 말해보시오.
        Q 과실범과 결과적 가중범에 대해서 설명하시오.
        Q 위법성조각사유에 대해서 사례와 함께 설명하시오.
        Q 포괄일죄에 대해서 설명하시오.
        Q 미수와 기수에 대해서 설명하시오.
        Q 형법에서 형(形)에 대해 설명하시오.

★★★

검찰공무원이 하는 일에 대하여 말해보시오.

법무부나 서울 및 각 지방 검찰청의 각 과와 검사실에서 근무합니다. 범죄사건의 접수와 처리를 담당하며 검사가 행하는 범죄수사와 공소제기 유지 등 검찰 사무를 보조하는 업무를 합니다.

면접TIP 직렬별 해당 업무에 관한 질문은 기본적으로 알아야 하는 내용이므로 자주 출제된다. 되도록이면 준비하고 가는 것이 좋다.

★★★

여태까지 살아오면서 법을 위반한 적이 있다면 말해보시오.

무단횡단이라고 할 수 있습니다. 깜빡이는 신호등에 마음이 급해 횡단보도 밖에서 뛰어간 적이 있습니다. 저와 같이 건너던 사람이 사고가 나는 경우를 본 적이 있기 때문에 그 후로는 시간의 여유를 가지고 움직이거나 신호가 깜빡일 경우에는 다음 신호를 기다리고 건너갑니다.

면접TIP 음주운전과 같이 해서는 안되는 이야기는 꺼내지 않는 것이 좋다.

05 교정직

기출 **Q** 전문성을 기르는 데 가장 힘들었던 점은?
질문 **Q** 교도소 시설이 좋아져 수감자들이 편히 지낸다고 비난을 한다. 본인은 어떻게 생각하는가?
Q 소년법에서 보호처분에 대해서 설명하시오.
Q 수형자 등 호송규정에 따라 호송에 대해서 설명해보시오.
Q 소년법에서 소년사건 처리절차에 대해서 간략히 설명해보시오.
Q 갱생보호제도에 대해서 설명해보시오.
Q 자신이 생각하는 제일 합리적인 지역사회 교정의 형태를 설명해보시오.

★★★
징벌의 종류를 말해보시오.

면접TIP 형의 집행 및 수용자의 처우에 관한 법률 제108조(징벌의 종류)
① 경고
② 50시간 이내의 근로봉사
③ 3개월 이내의 작업장려금 삭감
④ 30일 이내의 공동행사 참가 정지
⑤ 30일 이내의 신문열람 제한
⑥ 30일 이내의 텔레비전 시청 제한
⑦ 30일 이내의 자비구매물품(의사가 치료를 위하여 처방한 의약품을 제외한다) 사용 제한
⑧ 30일 이내의 작업 정지(신청에 따른 작업에 한정한다)
⑨ 30일 이내의 전화통화 제한
⑩ 30일 이내의 집필 제한
⑪ 30일 이내의 편지수수 제한
⑫ 30일 이내의 접견 제한
⑬ 30일 이내의 실외운동 정지
⑭ 30일 이내의 금치(禁置)

06 철도경찰직

기출 Q 무임승차 손님이 요금지불을 거부할 경우 어떻게 대처할 것인가?

질문 Q 신분증 제시 요구에 대하여 거부할 경우 연행하는 것이 적법한 일인가?

     Q 혼자 일하는 경우와 함께 일하는 경우의 장단점을 말해보시오.

     Q 선배가 부당한 부탁 또는 지시를 내릴 경우 어떻게 대처할 것인가?

★★★

현행범인 요건을 설명해보시오.

형사소송법 제211조(현행범인과 준현행범인)에 따라 범죄를 실행하고 있거나 실행하고 난 직후의 사람을 현행범인이라 합니다. 다음과 같은 때에도 현행범인으로 간주합니다.

① 범인으로 불리며 추적되고 있을 때

② 장물이나 범죄에 사용되었다고 인정하기에 충분한 흉기나 그 밖의 물건을 소지하고 있을 때

③ 신체나 의복류에 증거가 될 만한 뚜렷한 흔적이 있을 때

④ 누구냐고 묻자 도망하려고 할 때

면접TIP 형사소송법 제212조(현행범인의 체포)에 따르면 현행범인은 누구든지 영장 없이 체포할 수 있다. 다만, 대법원 판례 등을 참조하여 체포의 필요성인 즉, 도망 또는 증거인멸의 염려가 있어야 한다.

07 법원직

기출 Q 사법보좌관제도의 개념을 말해보시오.
질문 Q 죄형법정주의 5원칙을 말해보시오.
Q 주택임대차 보호법상 묵시적 갱신의 의미는 무엇인가?
Q 법원이 하는 일은 무엇인가?
Q 구속적 부심과 보석의 차이점은?
Q 심문과 신문의 차이점에 대해서 말해보시오.
Q 저당권과 근저당권에 대해서 설명해보시오.
Q 매매와 증여의 차이는 무엇인가?

★★
공소시효에 대해 설명하시오.

확정판결 전에 시간의 경과에 의해 형벌권이 소멸하는 제도입니다. 2015년 8월 형사소송법 개정안이 시행되면서 살인죄에 대한 공소시효를 폐지하였습니다.

★
헌법소원이 무엇입니까?

공권력의 행사 또는 불행사에 의해 헌법상 보장된 기본권을 침해당했다고 생각되는 개인이나 법인이 권리를 되찾기 위해 헌법재판소에 그 심판을 요구하는 것을 말합니다.

★★
청원권에 대해 설명하시오.

국가기관이나 지방자치단체에 대해 국민이 희망을 진술할 수 있는 권리를 말합니다. 공무원의 비위 시정에 대한 징계나 처벌의 요구, 손해의 구제, 법령 또는 규칙의 제정·폐지·개정 등에 대해 문서로 진정할 수 있습니다. 청원인에게 결과를 회답할 의무가 있으나 청원의 내용대로 실행할 의무는 없습니다.

★★
국민 참여 재판에 대해 설명하시오.

2008년 1월 1일부터 시행된 한국형 배심원 재판제도를 말합니다. 배심원은 만 20세 이상의 대한민국 국민으로 해당 지방법원 관할구역에 거주하는 주민 중 무작위로 선정해 법적 구속력이 없는 평결을 내리고 선고 형벌에 대해 토의하는 등의 재판참여 기회를 갖습니다. 피고인이 원하지 않을 경우에는 해당하지 않습니다. 지난 2012년 국민 참여 재판을 통해 절도미수범에게 상습성을 인정하여 실형을 선고한 사례가 있습니다. 국민 참여 재판은 국민주권주의와 참여민주주의를 실현하고 재판과정의 투명성을 보여준다는 장점을 가집니다. 엄격한 절차로 진행되나, 국민의 감정이 반영되는 만큼 여론 재판이 되지 않도록 주의를 기울여야 한다고 생각합니다.

면접TIP　국민 참여 재판의 정의와 실제 사례를 덧붙여 설명하도록 한다.

★
선고유예와 집행유예의 차이를 설명하시오.

집행유예는 형사정책 입장에서 인정한 제도입니다. 유죄를 인정한 정상에 의해 일정 기간 그 형의 집행을 유예하여 기간 중 사고 없이 경과한 때는 형의 선고는 효력을 상실하게 합니다. 선고유예는 범죄를 인정함에 그치거나 일정기간 유죄의 판결을 하는 것을 유예하는 것을 말합니다. 형의 선고를 유예한다는 점에서 집행유예와는 다릅니다.

08 국회직

기출 Q 파산과 면책의 개념을 말해보시오.

질문 Q 성년후견인제도를 신설한 취지를 말해보시오.

Q 행정안전부 공무원과 법원 공무원의 차이점을 말해보시오.

Q 매매와 증여의 차이를 알고 있는가?

Q 후보자를 초청한 대담·토론회에 대해서 설명하시오.

Q 재외선거에 대해서 설명하시오.

Q 후보자의 신분보장에 대해서 설명하시오.

Q 정당해산심판에 대해서 설명하시오.

Q 신뢰보호의 원칙에 대해서 설명하시오.

Q 행정상 손실보험에 대해서 예시와 함께 설명하시오.

★★
국회직이 갖춰야할 역량을 말해보시오.

정치적 중립성을 지켜야 하며, 전문성이 부족할 경우 업무수행이 어려우므로 높은 수준의 전문성을 갖춰야 한다고 생각합니다. 맡은 업무를 착실하게 수행하고자 하는 책임감도 중요하다고 생각합니다.

면접TIP 여러 공직관 가운데 자신이 중요하게 생각하는 가치관을 직렬과 맞도록 제시하는 것이 좋다.

★★
국회사무처의 업무를 알고 있습니까?

국회사무처는 법률안이나 청원 등을 처리하고 법안 심사, 예·결산 심사, 국정 감사 및 조사 지원 등 국회의장의 지휘하에 국회 및 국회의원의 입법 활동과 행정업무를 처리하는 기관입니다.

면접TIP 직렬에 대한 이해를 묻는 질문이다.

★
원내교섭단체에 대해 설명하시오.

 국회에서 정당 소속 의원들이 개개인의 주장 혹은 소속 정당의 의견을 통합하여 국회가 개회되기 전 반대당과 교섭·의견조정을 하기 위하여 구성하는 의원단체를 말합니다. 국회의원 20인 이상의 정당을 단위로 구성하는 것이 원칙이나 다른 교섭단체에 속하지 않은 의원 20인 이상으로 구성할 수도 있습니다.

면접TIP 단어의 정의를 정확하게 설명할 수 있는 것이 중요하다.

★★
매니페스토에 대해 설명하시오.

 선거 시에 목표와 이행 가능성, 예산 확보의 근거를 구체적으로 제시한 유권자에 대한 공약을 말합니다. 어원은 라틴어 마니페스투(Manifestus : 증거)로, 공약의 달성 가능성, 검증 가능성, 구체성, 타당성, 기한 명시의 다섯 가지가 평가 기준이 됩니다. 대체로 유권자와 밀접한 지방선거에 의의를 둡니다.

면접TIP 단어의 정의를 명확하게 알고 있어야 한다.

★★★
국정감사와 국정조사의 차이점에 대해 말해보시오.

 국정감사는 국회가 국정 전반에 대한 조사를 행하는 것으로 입법 기능뿐만 아니라 정부를 감시하고 비판하는 기능을 가지고 있는 것이 인정됩니다. 국정조사는 특정한 국정사안에 관한 조사를 할 수 있는 권한으로 국회의원의 4분의 1 이상이 요구할 경우 국회는 조사 사안에 대한 특별위원회를 구성하거나 해당 상임위에서 조사위원회를 구성할 수 있습니다.

면접TIP 국정감사와 국정조사에 대해 바르게 알고 있는 것이 중요하다.

09 간호직

기출 질문

기출 질문
Q 알고 있는 코로나 백신을 전부 말해보시오.
Q 중환자실에서 근무할 때 제일 기억에 남는 환자에 대해서 말해보시오.
Q 국가 5대암에 대해서 설명하시오.
Q 병원 근무 당시에 본인이 이룬 성과는 무엇인가?
Q 간호기록이 중요한 이유는 무엇이라고 생각하는가?
Q 수혈 부작용이 나타나면 어떻게 대처할 것인가?
Q 진통제 투여목적은 무엇인가?
Q 호스피스에 대해서 설명해보시오.
Q 병원 일보다 편한 일을 하기 위해 공무원에 지원한 것은 아닌가?
Q 수술실에 CCTV 설치하는 것에 대해 본인의 견해는 무엇인가?

★★★
타 지역에서 어떻게 적응할 것인지 말해보시오.

대학교를 타지에서 생활하였습니다. 처음에는 낯설었던 생활이었지만, 새로운 친구들을 만나고 새로운 환경에서 적응하는 것이 좋았습니다. 일부러 동아리 활동을 시작하였고, 동아리 활동을 통해 학과 친구과 새로운 사람들을 만나며 적응해 나아갔습니다. 타 지역의 특성과 문화에 대해 알아갔던 경험과 붙임성 좋은 성격으로 빠르게 적응할 수 있습니다.

면접TIP 인간관계·조직적응력을 알아보기 위한 질문이다. 변화된 환경에 잘 적응하기 위한 긍정적인 답변을 준비하는 것이 좋다.

★★★
다치거나 환자가 되어본 경험이 있다면 말해보시오.

건강체질이라서 특별히 다친 적은 없습니다. 하지만 라섹 수술을 하고 한동안 눈이 잘 안 보인 적은 있었습니다. 며칠 잘 안 보이고, 양파 몇 개가 눈에 들어간 것처럼 통증이 계속되었습니다. 잘못 된 것은 아닌가 덜컥 겁이 날 때, 유인물과 함께 과정을 상세히 설명하고 알려주신 간호사 선생님이 생각났습니다. 또박또박 저에게 친절히 알려주시던 간호사 선생님을 생각하니 안정이 되었습니다. 저도 환자에게 안정감을 줄 수 있는 간호사가 되고 싶다고 결심하였습니다.

면접TIP 환자의 입장으로 아플 때의 심정을 이해할 수 있는지, 그때 간호사 선생님을 보며 무엇을 생각했는지 자신의 경험담을 이야기한다.

★★★
인사 후, 간호직이 자신과 맞지 않다고 생각이 된다면 어떻게 할 것인가?

 사람을 알아가는 것에도 시간이 걸리듯이 일 또한 마찬가지라고 생각합니다. 처음부터 자신과 딱 맞는 일을 찾기란 힘들 것입니다. 천천히 시간을 가지고 조언을 구해가며 제가 선택한 길에 맞도록 노력해 나아갈 것입니다.

──
면접TIP 인성에 대한 질문으로 업무분야가 맞지 않더라도 개선하기 위해서 노력하는 길을 찾아보겠다는 답변을 하는 것이 면접관이 보기에는 적극적으로 보인다.

10 보건직

기출
질문

Q 보건소 사업 계획 시 우선순위 대상자 선정을 어떤 기준으로 할 것인가?

Q 보건소의 여러 부서 중 본인에게 어울리는 부서와 이유를 말해보시오.

Q 방문보건 사업에 대하여 설명해보시오.

Q 세균과 바이러스의 차이점에 대해 설명하시오.

Q 제5차 국민건강증진종합계획에서 제시한 기본원칙은 무엇인가?

Q 법정감염병 제3급감염병인 브루셀라증에 대해 설명하시오.

Q 노숙자가 보건소로 온다면 어떻게 대처할 것인가?

Q 보건소에서 하는 업무는 무엇인가?

Q 혈액이 용혈될 경우 어떻게 대처할 것인가?

Q 혈액에 지방이 많은 경우 발생하는 문제는 무엇인가?

Q 본인이 채혈한 사람이 쓰러진다면 어떻게 대처할 것인가?

Q 본인이 지원한 지역의 보건소는 몇 곳 있는가?

Q 보건소에 몸이 아파서 찾아오지 못하는 환자를 위해 어떻게 대처할 것인가?

Q HACCP에 대해 설명해보시오.

★★★
BOD에 대하여 설명해보시오.

생화학적 산소요구량을 말하며 미생물이 물 속 유기물을 분해할 경우 사용하는 산소의 양을 말합니다. BOD가 높을수록 물이 오염되었다고 할 수 있습니다. 왜냐하면 물이 오염될수록 유기물의 양이 많아져 박테리아 분해에 소비되는 산소량이 증가하기 때문입니다. 따라서 BOD는 물의 오염정도를 확인하는 지표로 사용합니다.

★★★
식품첨가물에 대해 설명해보시오.

식품을 제조·가공 또는 보존에 있어 식품에 첨가·혼합·침윤, 기타의 방법으로 사용되는 물질들의 화합물을 말합니다.(식품위생법 제2조 제2항) 식품첨가물은 식품을 오래 보관할 수 있게 해주며 시각적인 효과와 맛을 내기 위해 첨가합니다.

★★★
식품첨가물의 장단점을 말해보시오.

① 장점 : 오랜 보관이 가능하며 맛이 더해지고 식품을 쉽게 만들어낼 수 있습니다.

② 단점 : 화학조미료와 같은 식품첨가물을 지나치게 많이 먹을 경우에는 신경쇠약, 두통, 호흡 곤란 등의 증상이 나타날 수 있으며 어린 아이들의 경우에는 집중력이 떨어지고 면역력이 약해질 수 있습니다.

11 의료기술직

기출 Q 폭염으로 인한 질병의 종류를 말해보시오.
질문 Q 병원에서 고비용 검사를 유도하는 경향이 보인다. 이러한 현상에 대하여 어떻게 생각하는가?

Q 월급이 병원보다 적은데 괜찮은가?

Q 코로나 바이러스에 대하여 설명해보시오.

Q 감염병의 예방 및 관리에 따라 감염병 강제처분 대상은 무엇인가?

Q 일차보건의료에 대해서 설명하시오.

Q 인두제에 대해서 설명하시오.

Q ○○시의 노인인구 비율에 대해서 말해보시오.

Q 산업장 작업관리중에 격리에 해당하는 것은 무엇인가?

★
에볼라바이러스에 대하여 설명해보시오.

급성으로 열성감염을 일으키는 바이러스입니다. 갑작스러운 두통 및 근육통, 발열이 발생하고 저혈압, 피부 발진, 전신성 출혈 등의 증상이 나타납니다. 사망률이 60%정도로 치사율이 매우 높은 질환입니다. 환자의 혈액과 분비물이 타인에게 접촉하게 되면서 전파됩니다.

★★
폭염주의보의 기준을 말해보시오.

지역마다 다르게 정의되지만 우리나라 기상청의 경우에는 일최고기온이 섭씨33도 이상인 날이 이틀 내내 지속이 예상되는 경우 폭염'주의보'를 발령합니다. 섭씨 35도 이상으로 이틀 이상 지속이 예상되는 경우에는 폭염'경보'를 발령합니다.

12 운전직

기출   Q 자동차 연비를 줄일 수 있는 5가지 방법을 말해보시오.
질문   Q 차량 인수인계할 경우 인수받을 때 점검사항을 말해보시오.

       Q 지리를 모르는 곳에 운행할 때 어떤 준비를 할 것인가?

       Q 새로운 환경에 잘 적응하는 편인가?

       Q 근무 중 차량 고장이 있을 경우 처리 방법에 대해 설명해보시오.

       Q 운전 중에 졸음이 온다면 어떻게 대처할 것인가?

       Q 운전직의 수행업무에 대해서 설명하시오.

       Q 운전직 공무원의 기본소양은 무엇이라고 생각하는가?

       Q 교통체계관리에 대해서 설명해보시오.

★★
토크 컨버터는 무엇을 하는 장치입니까?

 자동변속 장치로 오일을 이용하여 동력을 전달하는 장치입니다. 자동차나 선박에 변속 기어를 사용하지 않아도 되며 시동 시 회전력도 큽니다.

★★
냉각수 교체 시기는 언제인가?

 약 2년으로 오염도를 점검하며 교환 시기를 확인하고 결정합니다.

13 건축직

기출   Q 라멘구조와 벽식구조에 대해서 설명하시오.
질문   Q 단열에 대해서 설명해보시오.

★
싱크홀에 대해 설명하시오.

싱크홀은 가라앉아서 생긴 구멍을 말합니다. 과도한 지하수 개발로 지하수의 수면이 내려가 지반의 무게를 견디지 못해 붕괴되는 것으로 추정하며, 석회암과 같이 용해도가 높은 암석이 분포하는 지역에서 발생합니다. 비교적 발생 사례가 적었던 우리나라에서도 최근 도시지역에서 잦은 싱크홀이 발생하여 국민의 불안감 또한 급증하고 있습니다. 국외 대응 사례를 참고하여 사고 발생을 예방하고, 국민의 불안감을 해소할 수 있는 방안을 구축하는 것도 중요하다고 생각합니다.

면접TIP   싱크홀은 단어 그대로 가라앉아서 생긴 구멍을 말한다. 현황을 짧게 언급하는 것도 좋다.

★
현수교와 사장교의 차이를 말해보시오.

현수교는 주탑에 주케이블을 연결하고 작은 케이블 여러 개를 수직으로 연결하는 것으로 사장교는 여러 테이블을 직접 주탑에 연결하는 다리를 말합니다.

면접TIP   현수교와 사장교 정의를 바르게 알고 있어야 한다.

14 기계직

기출 Q 베르누이 방정식에 대해서 설명하시오.
질문 Q 열역학 2법칙에 대해서 설명해보시오.
　　　Q 맨홀 뚜껑이 동그란 이유를 설명해보시오.

★★★
기계직이 할 수 있는 일이 매우 많은데, 어떤 일을 하는지 아는 대로 말해보시오.

시설물 관리 및 시공 등의 감독 업무와 기계작업, 기계관리, 차량 등록, 각종 기계설비에 관한 기술적인 업무 등이 있습니다.

★★★
지자체를 위해 자신의 전공을 살려 어떤 업무를 해보고 싶은가?

최근 2025 탄소중립 실현을 위해 지자체에서는 수소차 보급을 확대하고 있습니다. 그러나 아직까지 수소차 충전 기반 시설, 운행지원 등의 인프라가 부족하여 이용자들로 하여금 많은 불편을 호소하게 합니다. 제게 업무를 선택할 수 있는 기회가 주어진다면 수소차 관련 업무를 해보고 싶습니다.

15 환경직

기출 Q 환경과 관련한 업무를 해본 경험이 있는가?
질문 Q 현재 환경감시 기준에 대한 본인의 생각은?
　　　 Q 독거노인이 쓰레기를 투척할 경우 어떻게 대처할 것인가?

★★★
아파트 층간 소음 문제가 발생했을 경우 어떻게 해결할 것인지 말해보시오.

관리주체는 층간소음 피해를 끼친 해당 입주자·사용자에게 층간소음 발생을 중단하거나 소음차단 조치를 권고하도록 요청할 수 있습니다. 더 큰 문제로 이어지지 않도록, 소음의 근원을 최소화하기 위해 각 층마다 방음재를 시공하도록 하겠습니다.

★
세계 환경의 날은 언제입니까?

현재 세계 환경 의 날은 6월 5일로, 1972년 6월 스톡홀름에서 열린 유엔인간환경회의에서 제정한 날입니다. 이 회의를 통해 환경전문기구 유엔환경계획(UNEP) 설치되었으며 UNEP는 매년 세계 환경의 날을 맞아 행사를 개최하고 있는데, 1997년에는 서울에서 UNEP 주최 행사를 개최한 바 있습니다.

면접TIP 세계 환경의 날의 유래와 특징을 함께 언급하는 것이 좋다.

16 농업직

기출　Q 기후변화에 따라서 다양한 환경정책을 시행중이다. 본인이 생각하는 우수 행정사례는?
질문　Q 기후위기로 가뭄과 태풍 등의 자연재해에 대처하기 위한 방안을 말해보시오.
　　　Q 농업에서 농약 사용량을 줄이기 위한 본인이 생각하는 방안은?
　　　Q 농사를 직접 해본 적 있는가?

★★
수목장림시설을 유치하는 것에 대한 지역갈등을 어떻게 해결할 것인지 말해보시오.

 객관적인 시각으로 지역갈등의 이해관계를 충분히 검토한 다음 공공의 이익과 개인의 이익이 서로 조화를 이룰 수 있도록 하는 것이 중요하므로 지역 주민과 지속적인 대화를 통해 긍정적인 방향으로 타협하는 것이 중요하다고 생각합니다.

면접TIP　자칫 지역 이기주의로 비난조가 되지 않도록 주의하도록 한다.

17 경찰직

기출 Q 경찰의 부조리에 대해 말해보시오.

질문 Q 가정폭력에 대해 신고를 받은 경우 어떻게 대처할 것인가?

      Q 공익과 사익이 충돌할 경우 어떻게 대처할 것인가?

      Q 소년법 연령 하향에 대하여 찬반의견을 말해보시오.

      Q 경찰공무원을 선발할 때 체력시험이 필요한 이유는 무엇이라고 생각하는가?

      Q 법규나 규칙을 위반한 적이 있는가?

      Q 체력과 지식 중에서 경찰에게 중요하다고 생각하는 것은 무엇인가?

      Q 경찰과 군인의 공통점과 차이점은 무엇인가?

      Q 불법 시위가 되는 기준은 무엇인가?

      Q 새벽에 횡단보도를 건널 때 빨간 불이지만 차가 오지 않는다면 어떻게 할 것인가?

      Q 압수·수색에 대해서 설명하시오.

      Q 부작위범은 무엇인가?

      Q 위법성 인식과 법률의 착오에 대해서 설명하시오.

★★
전자발찌 착용에 대해서 토론하시오.

찬성하는 입장

- 위치추적이 가능하므로 부족한 교정시설에 대한 문제를 해결할 수 있다.

- 성범죄자에 대한 확실한 감독으로 재범을 방지할 수 있다.

- 이미 시행되고 있는 외국(독일, 미국)의 경우 효율성을 보여준다.

반대하는 입장

착용을 판정할 정확한 기준이 없다.

면접TIP 전자발찌는 재범률이 높은 성폭력범죄를 막기 위해 성범죄자에게 위성위치확인시스템(GPS) 칩이 부착된 전자발찌를 착용하도록 하도록 하는 제도이다.

스쿨 폴리스 제도에 대해서 토론하시오.

 찬성하는 입장
학교폭력을 줄일 수 있을 것이다.

 반대하는 입장
- 비록 전직경찰이라고는 하나 경찰이라는 존재는 학생들에게 위협을 줄 수 있다.
- 학생들의 인권침해 여지가 있다.
- 학교 외에서 행해지는 폭력에 대해서는 속수무책이다.

면접TIP 스쿨 폴리스 제도란 학교폭력 예방과 근절을 위해 학교에 학교전담 경찰관을 배치하는 것이다. 최근에는 이러한 스쿨 폴리스가 대폭 증원되고 있으며 이들은 담당 학교를 주기적으로 방문해 범죄 예방 교육, 학교폭력 대책 자치위원회 참석, 가해·피해학생 상담·선도 등 학교폭력 업무만을 전담하게 된다.

사형제 폐지에 대해서 토론하시오.

 찬성하는 입장
- 오판으로 인해 사형을 언도받을 수도 있다.
- 사람에게는 다른 사람을 죽일 수 있는 권한이 없다.
- 사형제가 존재하여도 범죄가 줄어드는 것은 아니다.

 반대하는 입장
- 범죄를 저질렀으면 그에 합당한 벌을 받아야 하며, 이는 피해자의 개인적인 원한을 막을 수 있다.
- 범죄에 대한 경각심을 일깨워준다.
- 사형제도 폐지 시 대안책인 종신론은 경제적인 부담이 크다.

면접TIP 사형은 범죄인의 생명을 박탈하여 사회로부터 영구히 제거하는 형벌로 생명형 또는 극형이라고도 하며, 법정 최고형이다.

★★★
경찰공무원이 가져야 할 덕목은 무엇입니까?

 경찰공무원에게 가장 필요한 것은 불의와 타협하지 않는 의지라고 생각합니다. 경찰공무원은 법을 수호하고 이를 어기는 사람들을 처벌하는 존재로 그런 일을 하는 자신이 불의와 타협한다는 것은 모순이라고 생각합니다.

 살신성인의 정신을 가져야 한다고 생각합니다. 경찰공무원은 주로 범죄자들을 상대하는 존재로서 업무를 수행하다 보면 위험한 일을 많이 하게 됩니다. 자신의 몸을 보호하는 것도 중요하지만, 그러느라 다른 업무를 등한시 해서는 안 된다고 생각합니다. 그래서 다른 덕목도 중요하지만 경찰공무원으로서 우선 지녀야 할 덕목은 자신보다는 공익을 생각할 수 있는 살신성인의 정신이라고 생각합니다.

면접TIP 비록 같은 공무원일지라도 그 직종에 따라 성격에 차이가 있다. 자신이 지원한 공무원의 특성을 확실히 파악하고 그에 따라 요구되는 덕목을 설명할 수 있어야 한다.

★★
실업난으로 인하여 소신 없이 경찰에 지원하는 사람이 늘고 있습니다. 이로 인한 부작용과 대처방안에 대해서 설명하시오.

 경찰공무원에 지원하고 있는 사람은 많지만 경찰에 대한 의지나 직업관이 없는 사람이 많습니다. 이런 사람들은 중도에 그만두거나 업무에 적응하지 못하고 비리경찰이 되어 경찰 이미지를 실추시키는 등 부작용이 심각합니다. 이러한 부적격자로 인한 폐해를 줄이기 위해서는 채용시험을 강화하거나 적성검사를 실시하는 등 선발과정에서 걸러내고 업무 수행 중에도 상담을 실시하여 업무 부적응자를 돕는 것이 필요하다고 생각합니다.

면접TIP 경제적인 이유로 안정적인 직업을 선호하게 되면서 공무원이 많은 관심을 받게 되었다. 그에 따라 합격하여도 적성에 맞지 않아 그만두는 경우도 종종 있다. 특히 경찰은 위험한 상황에 처하거나 힘든 업무가 많아 중도에 포기하는 사람이 많다. 이에 대한 자신의 생각을 이야기 해본다.

★★★
법이란 무엇이며, 왜 지켜야 합니까?

 법이란 많은 사람들이 함께 살아가기 위해서 정해 놓은 약속이라고 생각합니다. 한정된 공간에서 살아가다 보면 불편한 점이 많습니다. 그런 불편함을 최소한으로 줄이고 더 많은 이익을 추구하기 위한 것이 법이므로 비록 법을 지키는 것이 불편하더라도 꼭 지켜야 한다고 생각합니다.

면접TIP 이것은 법의 사전적인 의미를 묻는 것이 아니다. 자신이 생각하는 법에 대해서 논리적으로 설명하면 된다.

경찰서와 파출소의 차이점은 무엇입니까?

 경찰서는 특별시, 광역시 및 도의 경찰국 산하에 위치하여 관내 국민의 생명과 재산보호 및 치안유지를 위해 업무를 수행하며 서장은 총경입니다. 파출소의 경우 이러한 경찰서의 하부조직으로 경찰서 관할지역 안에 경찰관을 파견하여 국민들과 직접 만나 업무를 처리합니다.

면접TIP 파출소는 경찰서의 하부조직으로 국민들과 가장 처음 만나는 경찰이라는 데 중심을 두고 설명하는 것이 좋다.

경찰서와 파출소

- **경찰서** : 정부조직법에 의거하여 설치 근거를 두며 일선의 치안업무를 담당하는 곳이다. 특별시, 광역시 및 도의 경찰국 산하에 위치하며 관내의 국민의 생명과 재산보호 및 치안유지를 위해 여러 가지 업무를 수행한다. 경찰서의 서장은 총경으로 보하며, 과장은 경정, 경감 또는 경위로 보한다. 경찰서장은 지방하급경찰행정관청이며 특별시장, 광역시장, 도지사의 지휘와 감독을 받는다. 하부조직으로는 지구대와 파출소, 출장소가 있다.
- **파출소** : 경찰서의 하부조직으로 경찰서의 관할지역 안에 경찰관을 파견하여 업무를 일차적으로 처리한다.

★

절도와 강도의 차이점은 무엇입니까?

 둘 다 재산죄라는 것은 같으나 절도는 재물죄에 해당하며, 강도는 재물죄이면서 이득죄에 해당합니다. 또한 범죄의 구성요건을 살펴보았을 때 강도의 경우 폭행과 협박이 사용된다는 점에서 차이가 있습니다.

면접TIP 업무에서 필요한 지식의 정도를 묻는 문제이다.

절도와 강도의 차이점

- **절도** : 타인의 재물을 절취한 자는 6년 이하의 징역 또는 1천만 원 이하의 벌금에 처한다〈형법 제329조〉.
- **강도** : 폭행 또는 협박으로 타인의 재물을 강취하거나 기타 재산상의 이익을 취득하거나 제3자로 하여금 이를 취득하게 한 자는 3년 이상의 유기징역에 처한다〈형법 제333조〉.

★★
친구나 가까운 지인이 타인의 신원조회를 부탁한다면 어떻게 하겠습니까?

 제가 신원조회를 할 수 있는 위치에 있다 하더라도 신원조회의 위험성에 대해서 설명한 후 비록 감정적인 문제가 생길 수 있겠지만 정중하게 거절하겠습니다.

면접TIP 신원조회를 통해서 기본적으로 본적, 주소, 전입일자, 세대주 등의 개인정보를 확인할 수 있다. 이러한 개인정보를 누구나 볼 수 있게 될 경우 사생활 침해의 우려가 있기 때문에 모든 경찰이 조회할 수 있는 것은 아니며 신원담당 경찰만이 해당업무가 있을 때에만 조회가 가능하다. 또한 신원조회를 개인적인 용도로 이용하면 처벌을 받게 된다.

★★
친한 친구가 음주운전 단속 중에 적발되었습니다. 어떻게 하겠습니까?

 저와 친한 친구일지라도 단속 중에 적발되었다면 벌금을 부과하는 것이 당연하다고 생각합니다. 우선 저는 그 자리에 경찰로서 있는 것이며 공무를 집행하고 있는 것이므로 친구만을 눈감아 준다는 것은 형평성에 어긋나는 행동이라고 생각합니다. 게다가 제가 한 번 용서해 주면 친구는 또 다시 그런 위험한 행동을 할 수도 있습니다. 비록 당시에는 기분이 언짢을 수도 있겠지만 제 친한 친구라면 분명히 이해해 줄 것이라고 생각합니다.

면접TIP 친구라는 입장과 경찰의 업무가 충돌을 일으킨 경우이다.

★★
교통 단속 중에 교통신호를 어긴 차량이 있어 세웠는데 응급환자가 타고 있을 경우 어떻게 하겠습니까?

 사람의 목숨이 달린 일이고 저로 인해서 지체되고 있다고 생각이 되어 아마 단속을 하지 않을 것 같습니다. 하지만 그렇게 가다가는 다른 사고가 나서 더 큰 위험에 빠질 수도 있으므로 자신의 차량이 응급한 상황임을 다른 운전자에게 알릴 수 있는 방법이나, 막히지 않고 빨리 병원에 도착할 수 있는 방법 등을 알려주겠습니다.

면접TIP 응급환자가 타고 있을 경우 단속을 하지 않는 것을 당연하게 여길지도 모른다. 하지만 단속자체가 중요한 것이 아니라, 그로 인해서 생길 수 있는 사고를 미연에 방지하는 것이 더욱 중요하다는 사실을 염두에 두고 답변하는 것이 좋다.

★ 파출소를 방문한 적이 있습니까?

아니오, 이상하게 지은 죄가 없어도 경찰이나 경찰과 관련된 곳은 무섭다는 느낌이 들어 아직 방문하지 못했습니다. 하지만 파출소에서 범죄와 관련된 일만 하는 것이 아니라 주민들의 편의를 위한 일들도 수행한다는 사실을 알게 되어 한번쯤은 방문해 보고 싶습니다.

저에게 파출소는 친절한 곳으로 기억됩니다. 여름방학을 이용해 친구들과 시골마을로 여행을 간 적이 있었습니다. 분명히 계획을 잘 세웠다고 생각했는데 버스에서 내린 후 저희가 갈 곳을 찾지 못해 결국 동네 어르신들께 묻다가 파출소를 찾아갔었습니다. 저희에게 친절하게 길 안내를 해주셨을 뿐만 아니라 저희가 알지 못하는 고장의 특성까지 자세하게 알려주셨습니다. 그분들의 도움으로 저희는 여행을 무사히 마칠 수 있었습니다.

면접TIP 일반인에게 파출소는 친근하지 않으며 어려운 곳으로 느껴지기 마련이다. 그래서 이런 질문을 받으면 내게 지금 범법행위를 했냐고 묻는 것인가라는 생각이 먼저 들 것이다. 하지만 파출소에서 수행하는 일이 다양하므로 자신에게 도움이 되었던 경험 등을 언급하는 것이 좋다.

★ 가장 기억에 남는 경찰 관련 영화는 무엇입니까?

저는 경찰에 관한 영화하면 명절에 특선 영화로 보았던 '폴리스 아카데미'가 가장 먼저 떠오릅니다. 각각의 개성강한 주인공들이 경찰생활을 하면서 겪을 수 있는 일들을 약간의 과장과 재미를 더해 만든 영화였습니다. 경찰이라는 직업이 항상 그런 것은 아니지만 위험에 노출되어 있기 때문에 대부분 무거운 주제를 다루는 반면 가볍게 접근하면서도 중요한 것은 놓치지 않은 영화라고 생각합니다.

면접TIP 이 질문은 가장 인상적인 영화를 통해 수험생이 보는 경찰의 현실을 알아보고자 하는 것이다.

★ 강도신고를 받고 출동하였는데 범인은 동료경찰과 민간인에게 상처를 입히고 도망가고 있습니다. 어떻게 하겠습니까?

동료와 시민을 상처 입힐 정도라면 분명 범인도 지쳐있을 것이라고 생각합니다. 우선 다친 동료와 시민의 상태를 파악한 후 구조요청을 보내고 저는 범인을 쫓겠습니다.

면접TIP 위급한 상황에서는 정확한 상황판단력과 빠른 행동이 필요하다. 범인을 잡아야 하는 임무와 상처를 입은 동료와 시민을 구하는 것 중 어느 하나도 소홀히 해서는 안 된다는 것을 기억하자.

18 소방직

기출
질문

Q 우리나라 헌법 중 소방공무원의 의무를 나타내는 법안을 말해보시오.
Q 구급·구조 활동의 유료화에 대한 자신의 생각을 말해보시오.
Q 소방 업무에서 방재 업무를 분리시키는 것이 바람직하다고 생각하는가?
Q 소방조직체계에 대하여 설명해보시오.
Q 지방직에서 국가직 전환에 대하여 어떻게 생각하는가?
Q 재난이란 무엇이며 인적재난에 해당되는 것이 무엇이 있는지 말해보시오.
Q 소방시설의 종류를 말해보시오.
Q 소방3교대의 장단점 및 해결책을 말해보시오.
Q 소화기 사용법에 대해서 설명하시오.
Q 국가직 소방공무원과 지방직 소방공무원의 차이에 대해서 설명하시오.
Q 심폐소생술 방법에 대해서 설명하시오.
Q 최근에 일어난 산불은 어디 지역인가?
Q 화재로 인해서 특별재난지역이 선포된 지역은 어디인가?
Q 의용소방대의 목적은 무엇인가?
Q 소방기본법의 목적은 무엇인가?
Q 119 종합상황실에서 즉시 보고해야 하는 사항은 무엇인가?
Q 소화기 사용법에 대해서 설명하시오.

★★★
소방공무원으로서 특별히 요구되는 윤리는 무엇이라고 생각합니까?

 소방관은 화재 및 기타 자연재해로부터 국민의 생명과 재산을 보호하는 역할을 합니다. 그러므로 소방관에게는 자신이 맡을 일을 책임지고 완수해 내는 책임감과 사명감이 중요하다고 생각합니다.

 제가 생각하는 소방관의 주 임무는 화재예방 및 화재진압이라고 생각합니다. 타인의 목숨을 구하기 위해서 자신이 위태로워지거나 목숨을 잃는 경우도 생깁니다. 이런 상황에서 자기의 임무를 다할 수 있는 자기희생정신이 필요하다고 생각합니다.

면접TIP 소방공무원의 특성상 다른 공무원보다 더 요구되는 자기희생정신, 봉사정신 그리고 책임감 등을 표현하는 것이 좋다.

소방관이 되면 어떤 자세로 일하겠습니까?

 주어진 직책을 어쩔 수 없이 의무감으로 수행하는 것이 아니라 내 일처럼, 내 가족처럼 국민에게 헌신적으로 봉사하고 노력하여 국가의 안녕을 위해 노력하겠습니다.

 모든 일에 적극적으로 수행하며 위험한 상황에서도 동료를 믿고 나만이 할 수 있는 일이라는 사명감으로 일하고 싶습니다.

면접TIP 소방관은 국민의 안전과 국가의 안녕에 직접 관련되는 직종으로 자칫 위험할 수도 있다. 이런 점을 기억하고 적극적인 자세를 표현한다.

소방관의 임무에 대해서 말해보시오.

 소방관의 임무에는 많은 것들이 있으나 그 중 주 임무는 화재예방과 진압을 위한 활동이라고 생각합니다. 우선 화재를 예방하기 위해서 건축물 신축 시에 소방시설이 제대로 갖추어져 있는지를 확인하며 기존 건축물의 소방시설을 점검합니다. 그리고 화재가 났을 경우 신속하게 현장에 도착하여 인명·재산피해를 줄이기 위해 노력합니다.

면접TIP 소방관의 임무는 매우 다양하다. 업무 분야에서 대표적인 예를 들어 설명하는 것이 좋으며, 단순한 나열이 되지 않도록 주의한다.

소방관의 임무
- **화재예방 및 진화작업** : 건물의 화재예방설비 등을 살피고 화재가 발생하였을 때 신속하게 진화한다.
- **구급** : 구급차에 동승하여 응급환자 등을 이송한다.
- **구조** : 화재나 크고 작은 사고가 생겼을 때 현장에 출동하여 인명구조를 한다.
- **봉사** : 마을의 도로가 유실되거나 자연재해 발생 시 주민들을 도와 복구 활동을 한다.

스프링클러란 무엇입니까?

 스프링클러는 건물의 천장이나 벽에 부착되어 있는 자동소화장치로 스프링클러헤드의 금속이 화재의 열에 의해 녹아 뚜껑이 떨어져 나가면서 물이 화재가 난 곳에 분사되는 것을 말합니다. 또한 화재경보를 울려줌으로써 화재통보와 소화가 자동적으로 실행됩니다.

면접TIP 스프링클러(sprinkler)에는 농업용 살수장치와 자동소화설비가 있다. 소방공무원 면접이라는 것을 기억하고 농업용 살수장치라는 답변을 하지 않도록 주의한다.

액화천연가스(LNG)와 액화석유가스(LPG)의 차이점에 대해서 설명하시오.

LNG는 비중이 공기보다 가볍기 때문에 누출경보기를 천장 쪽에 설치하며, 혹시 누출되었을 경우에는 창문을 열고 환기를 시켜야 합니다. 주로 도시가스배관을 통해 운반되며 가정용 에너지원으로 사용됩니다. 그에 비해 LPG는 비중이 공기보다 무겁기 때문에 누출경보기를 바닥에 설치하며, 누출되었을 경우 문을 열고 바닥의 공기를 쓸어내는 느낌으로 밀어서 환기를 시켜야 합니다. 자동차 연료나 도시가스배관을 설치하기 힘든 곳에서 사용됩니다.

면접TIP 우리가 주로 사용하는 연료인 LNG와 LPG의 차이점에 대해서 설명하고 그 차이로 인해 화재예방이나 진압에 차이가 생길 수 있다면 함께 설명해 주는 것이 좋다.

LNG와 LPG의 특성

- LNG : 천연가스를 정제하여 얻어진 메탄을 주성분으로 하는 가스를 액화시킨 것으로 액화천연가스라고도 한다. 천연가스보다 청결하고 해가 적으며 고칼로리이다. 주로 가정용 연료로 사용되고 공기보다 가벼우며 유출 시 창문을 열어 환기를 시켜야 한다.
- LPG : 석유의 성분 중 부탄가스나 프로판 등 비등점이 낮은 가스에 압력을 가하여 액화한 것으로 액화석유가스라고도 한다. 주로 자동차 연료로 사용되며 공기보다 무거워 유출되면 바닥에 깔리게 된다.

연소의 3요소는 무엇입니까?

불이 붙어서 물질이 타기 위한 조건으로 탈 수 있는 물질인 연료와 그 연료를 태울 수 있는 열이 필요합니다. 여기서의 열을 발화점이라고 하는데 발화점은 각 연료마다 차이가 있으며 발화점이 낮을수록 불이 붙기 쉽습니다. 마지막으로 산소가 필요하며 필요량은 물질의 상태에 따라 약간씩 차이가 있습니다. 이렇게 물질, 발화점 이상의 열 그리고 산소가 연소의 3요소입니다.

면접TIP 연소의 3요소는 발화의 3요소라고도 하므로 면접관이 다른 형태로 질문을 했을 때 당황하지 말고 침착하게 말할 수 있도록 한다. 또한 연소의 3요소를 소화의 방법과 연결하여 설명하라는 질문도 있으므로 그 예를 알아두는 것이 좋다.

소화의 방법

- 물질을 제거하는 경우 : 가스레인지의 밸브를 잠가 가스의 공급을 차단하고 모닥불의 경우 장작을 제거한다. 큰 불이 났을 경우 맞불을 놓아 그 이상의 불의 진행을 막는다.
- 발화점 이하의 온도로 만드는 경우 : 물을 부어 불을 끈다.
- 산소를 제거하는 경우 : 모래나 담요를 덮어 불을 끄고 알코올 램프의 경우 뚜껑을 덮어 불을 끈다.

★★
소화기를 다루어 본 적이 있습니까?

학교에서 수업시간에 모의 화재예방 훈련을 한 적이 있습니다. 그때 소화기를 다루어본 적이 있었는데, 모의훈련이라 별로 걱정은 하지 않았지만 정작 불 앞에 서니 매우 떨렸습니다. 그간 배운 소화기 사용법을 떠올리며 겨우 소화한 후 불의 위험성과 위압성을 느끼게 되어 초기 진화의 중요성에 대해 다시 한 번 생각해 보게 되었습니다.

면접TIP 일반인이 소화기를 다루어 본 적은 거의 없을 것이다. 화재가 났을 경우 당황하지 않고 소화기를 이용하겠다고 답변하는 것이 좋다. 만약 있다면 경험을 이야기하고 느낀 점을 설명하도록 한다.

★
가정에서 실행할 수 있는 화재예방법에 대해서 예를 들어 설명해보시오.

주로 일반 가정에서의 화재는 누전에 의한 경우가 많습니다. 이를 막기 위해서는 전기안전에 좀 더 신경을 써야 합니다. 누전이 발생하게 되는 원인 중 하나는 하나의 콘센트에 여러 개의 플러그를 꽂아 사용하는 것입니다. 이 경우 과도한 전력 사용으로 인한 화재가 발생할 수 있습니다. 그러므로 하나의 콘센트에는 하나의 플러그만 꽂아 사용하고 미사용 시에는 플러그를 뽑아놓으면 화재도 예방할 수 있고, 전력의 불필요한 소모도 막을 수 있습니다.

우리나라의 가정에는 화재의 위험은 많으나 소화기가 비치되어 있는 경우는 거의 없습니다. 각각 집집마다 소화기를 비치하여 작은 불이 났을 때 신속하게 진압하여 큰 불로 발전하는 것을 막고, 화재에 대비해 학교와 각 가정에서는 아이들에게 소화기 사용법을 주지시켜야 합니다.

면접TIP 가정에서 행할 수 있는 화재예방법에는 여러 가지가 있다. 일상생활에서 실천할 수 있는 것들을 화재의 원인과 함께 인과적으로 설명하는 것이 좋다.

★
소방의 날은 언제입니까?

현재 소방의 날은 11월 9일로 화재신고 전화번호와 같아 인식이 쉬우며, 경각심을 불러일으킵니다. 처음부터 소방의 날이 정해진 것은 아니며 월동기에 불조심 강조의 기간으로 설정되면서 운영되었으며 그 기간의 처음인 11월 1일에 지역단위의 행사가 진행되었습니다. 그러던 것이 1963년에 내무부에서 주관하는 소방의 날 행사가 전국적으로 거행되었으며, 1991년에 소방법을 개정하면서 지금의 소방의 날이 법정일로 정해졌습니다.

면접TIP 소방의 날의 날짜와 유래, 변천과정 등을 함께 설명하는 것이 좋다.

소방기본법 제1조는 무엇입니까?

 '이 법은 화재를 예방·경계하거나 진압하고 화재, 재난·재해 그 밖의 위급한 상황에서의 구조·구급활동 등을 통하여 국민의 생명·신체 및 재산을 보호함으로써 공공의 안녕 및 질서 유지와 복리증진에 이바지함을 목적으로 한다.'입니다.

면접TIP 소방기본법을 알고 있는지 물어보는 기초 질문이다.

소방의 의미는 무엇입니까?

 소방이란 단순히 화재를 진압하는 데 그치지 않고 화재를 예방하고 진압하여 인명과 재산을 보호하기 위한 활동으로 국민을 위험으로부터 보호하는 것이라고 생각합니다.

면접TIP 소방의 사전적 의미를 제시해 주고 자신이 생각하는 소방의 의의를 함께 제시해 주는 것이 좋다.

서울의 소방재난본부 캐릭터의 이름은 무엇입니까?

 서울소방재난본부의 캐릭터는 '영웅이'로 안전을 책임지는 안전지킴이로 국민을 위해 희생·봉사하는 영웅(HERO)을 의미합니다. 화재, 재난·재해 등으로부터 국민의 생명과 재산을 보호하기 위한 인간형 캐릭터로, 남녀노소 누구나 대한민국 소방관의 이미지를 떠올릴 수 있도록 방화복, 헬멧, 안전화 등을 착용하여 믿음직스럽고 용감한 소방관을 표현함과 동시에 대중적이면서 친근한 이미지로 국민을 위해 희생, 봉사하는 소방관의 모습을 의미합니다.

면접TIP 캐릭터는 상징적인 의미와 함께 일반시민들에게 친근하게 다가갈 수 있는 방편이 된다. 자기가 응시하려는 지방의 캐릭터 이름과 형태 등은 알아두는 것이 좋다.

★
소방차의 색은 왜 붉은색이라고 생각합니까?

 붉은색은 다른 색을 압도하고 가장 눈에 잘 띄는 색으로 주로 위험을 나타낼 때 사용됩니다. 신호등의 정지신호나 위험을 나타내는 글자가 붉은색인 까닭도 여기에 있습니다. 이와 같이 소방차에도 붉은색을 사용함으로써 불과 연관되어 경각심을 불러일으킬 수 있으며, 다른 운전자들이 붉은색 소방차를 멀리서 보고 빨리 양보해 줄 수 있도록 하는 효과가 있습니다.

면접TIP 붉은색은 가장 눈에 잘 띄는 색으로 위험을 나타낼 때 주로 사용된다. 이러한 특성과 함께 부수적으로 불과 관련하여 설명하는 것도 좋다.

★
화재진압 시에 소방차를 방해하는 차의 벌금은 얼마입니까?

 소방차의 우선통행을 방해할 경우에는 도로교통법에 의거 20만 원 이하의 벌금이나 구류 또는 과료에 처해지며, 긴급 출동하는 소방차를 고의로 방해 하는 행위를 한 경우 소방기본법에 따라 5년 이하의 징역이나 5,000만 원 이하의 벌금이 부과됩니다.

면접TIP 모든 차와 사람은 소방자동차(지휘를 위한 자동차와 구조·구급차를 포함한다)가 화재진압 및 구조·구급 활동을 위하여 출동을 할 때에는 이를 방해하여서는 아니 된다<소방기본법 제21조 1항>.

★
「분노의 역류(Backdraft, 1991)」라는 영화를 본 적이 있습니까?

 긴급 출동하는 소방차를 고의로 방해하는 행위를 한 경우 소방기본법에 따라 5년 이하의 징역 또는 5천만 원 이하의 벌금이 부과됩니다.

면접TIP 론 하워드 감독의 작품으로 원제 Backdraft는 밀폐된 공간에서 화재가 발생하였을 때 새로운 산소가 공급되면서 엄청난 화력이 발휘되는 현상을 뜻하는 말로 소방 관련 영화들 중 손꼽히는 작품이다.

★
한밤 중 자신의 동네에 불이 났을 때 소방공무원이 아닌 당신이 할 수 있는 일에는 무엇이 있겠습니까?

우선 소방서에 화재 신고를 하고, 동네 주민들을 깨워 대피할 수 있도록 하겠습니다. 이후 소방관들의 지휘에 따라 행동하여 시민으로서 할 수 있는 일을 찾아 화재 진압을 돕겠습니다.

면접TIP 화재를 발견했다면 우선 신고부터 해야 한다. 시민으로서 자신의 안전을 해치지 않는 범위에서 할 수 있는 일을 찾아야 한다.

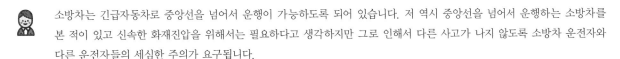

★★
소방차는 긴급한 경우 중앙선을 넘어서 운행하는 경우가 종종 있습니다. 이에 대한 당신의 생각을 말하시오.

소방차는 긴급자동차로 중앙선을 넘어서 운행이 가능하도록 되어 있습니다. 저 역시 중앙선을 넘어서 운행하는 소방차를 본 적이 있고 신속한 화재진압을 위해서는 필요하다고 생각하지만 그로 인해서 다른 사고가 나지 않도록 소방차 운전자와 다른 운전자들의 세심한 주의가 요구됩니다.

불은 짧은 시간에 크게 번져 많은 인명피해와 재산피해를 냅니다. 이런 불을 진압하기 위해서 빨리 사고현장에 도착하는 것은 매우 중요한 일이라고 생각합니다. 그러므로 중앙선을 넘어서 운행하는 것도 경우에 따라서는 필요하다고 생각합니다.

면접TIP 긴급자동차는 제13조 제3항에도 불구하고 긴급하고 부득이한 경우에는 도로의 중앙이나 좌측 부분을 통행할 수 있다〈도로교통법 제29조 제1항〉.

★★★
흔히들 소방구조대원을 3D업종이라고 하는데 이에 대해 어떻게 생각합니까?

현장에 가보지는 않았지만 각종 매체로 보았을 때 3D업종까지는 아니어도 충분히 위험한 상황이라는 생각이 들었습니다. 안타까운 현실이지만 어려움에 처한 사람을 돕고 그들의 고통을 덜어줄 수 있다면 그 정도는 각오해야 한다고 생각합니다. 이런 한 사람 한 사람의 이런 마음가짐과 조금씩 개선되고 있는 업무 환경으로 사람들의 인식이 바뀔 수 있을 것이라고 생각합니다.

면접TIP 구조대에 대한 본인의 생각과 각오를 엿볼 수 있는 질문이다.

> **3D업종**
> 작업환경이 위험하고(Dangerous), 더럽고(Dirty), 힘든(Difficult) 직업으로 사람들이 취직할 때 기피하는 업종이다.

일반상식

경제 상식

시사 상식

01 | 경제 상식

CHAPTER

#역선택 #플랫폼경제 #프로토콜경제 #서킷브레이크 #공매도 #덤벨경제

공매도
空賣渡

말 그대로 주식이 없지만 주식을 매도하는 것이다. 주가의 하락을 예상하는 종목의 주식을 빌려서 매도한 후, 주가가 실제로 떨어지게 되면 싼 값에 다시 사서 빌린 주식을 갚음으로써, 차익을 얻을 수 있는 매매 기법을 말한다. 이 전략은 초단기에 매매차익을 노릴 때 주로 사용되며, 하락장에서 수익을 낼 시 주로 사용한다.

더 큰 바보 이론
Greater fool theory

가격 상승의 기대감을 가지고 실제보다 높은 가격으로 구매한 '바보'가 '더 큰 바보'가 나타나 자산을 구매할 것이라고 생각하는 현상이다. 이러한 현상은 시장에 참여한 사람들이 비이성적인 기대와 믿음 때문에 생겨나며 상품의 본질적인 가격이나 가치는 뒷전으로 생각한다. 즉, 비정상적으로 높은 가격의 자산임에도 특정 자산을 계속 사들이려는 투자자가 있을 경우 사용한다. 자신이 고가에 매입하여 '바보'라는 소리를 들을지라도 높은 가격에 매입할 '더 큰 바보'를 꿈꾸며 당연히 지불하는 것이다.

블록딜
Block deal

거래소 시장 시작 전·후에 주식을 대량 보유한 매도자가 매도 물량을 인수할 매수자를 구해 시장에 영향을 미치지 않도록 지분을 넘기는 거래를 말한다. 블록세일(Block sale), 일괄매각이라고도 부른다.

스테이킹
Staking

'스테이킹'은 글자 그대로 지분(Stake)이라는 뜻으로, 보유한 암호화폐의 일정량을 지분으로서 고정하는 것이다. 암호화폐 보유자는 가격 등락에 관계없이 암호화폐 지분을 보유할 수 있으며 예치한 기간 동안 일정 수준 수익을 얻는다. 즉, 보유 암호화폐 유동성을 묶어두고 그 대신에 블록체인 플랫폼 운영과 검증에 참여한 보상으로 해당 암호화폐를 받는 것이다.

프로토콜 경제
Protocol economy

프로토콜 경제는 독점과 중앙화를 벗어나기 위하여 여러 경제의 주체를 연결하는 새로운 형태의 경제 모델이다. 플랫폼 경제의 독점적인 비즈니스 환경과 플랫폼 경제의 문제점을 해결할 수 있는 방안으로 떠오르고 있다.

라임사태

라임사태는 국내 최대 헤지펀드인 라임자산운용이 모펀드 4개·자펀드 173개에 대해 환매중단을 선언한 데 이어 폰지사기, 수익률 조작, 불완전판매 등의 불법행위에 연루됐다는 의혹이 나오면서 일파만파 확대된 사건을 말한다.

플랫폼 경제
Platform economy

사람과 물건이 오고가는 도시의 기본적인 인프라인 기차역 플랫폼을 4차 산업혁명 시대인 현재에 여러 산업에 걸쳐 꼭 필요한 빅데이터·AI 등의 핵심적인 인프라를 갖춘 경제를 비유한 말이다. 플랫폼 경제는 기업이 제품과 서비스를 생산하고 공급하는 것이 아닌 플랫폼만을 제공하는 형태를 말한다. 정보를 가진 플랫폼(중개업자)가 주도하는 형태의 경제로 거래 시 당사자들은 플랫폼을 거칠 때마다 수수료를 지불해야 한다. 따라서 플랫폼 사업자의 이익이 더욱 늘어나는 구조를 가진다.

6차 산업

유·무형의 자원(1차) × 제조·가공(2차) × 서비스업(3차)인 6차 산업은 종합산업화를 지향하는 것이다. 융·복합을 통하여 새로운 부가가치와 지역 일자리를 창출하여 지역 경제 활성화를 촉진하기 위한 활동을 의미한다. 농촌 지역주민의 주도로 지역의 자원을 활용하며 2·3차 산업과 연계하여 창출해낸 부가가치·일자리를 농업·농촌에 환원하는 것이다.

양적 완화
QE : Quantitative Easing

금리 인하를 통한 경기 부양의 효과가 한계에 다다랐을 때, 중앙은행이 국채를 매입하는 방법 등으로 통화의 유동성을 높이는 정책이다.

제로금리
Zero Interest Rate

단기금리를 사실상 0%에 가깝게 만드는 정책이다. 명목이자율이 0%가 아니라 실질이자율이 0%에 가깝다는 의미로, 이와 같은 초저금리는 고비용 구조를 해소하고 국가경쟁력을 높이며 소비 촉진을 통해 경기침체 가능성을 줄여준다. 그러나 노년층 등 이자소득자들의 장래가 불안해짐에 따라, 중·장년층을 중심으로 소비가 위축될 수 있고 부동산투기, 주택가격 폭등 등 자산버블이 우려되며, 근로의욕을 저하시킬 수도 있다. 제로금리정책을 시행한 대표적인 국가로 일본을 들 수 있다.

튤립버블
Tulip Bubble

17C초 네덜란드에서 튤립을 아주 비싼 가격에 거래하면서 시작되었다. 부자들은 튤립을 사치의 대상으로 여기며 더 신비하고 더 많은 튤립으로 정원을 꾸미기 시작했다. 이를 동경하던 일반인들도 튤립을 마구 사들이기 시작했고, 튤립의 가격은 천정부지로 올라가기 시작했다. 튤립 알뿌리 한 개 가격은 넓은 저택의 가격과 같을 정도가 되었을 때, 판매하고 싶어 하는 사람이 많아졌다. 자연스럽게 튤립 가격은 내려갔고, 튤립에 투기했던 많은 사람들은 파산하게 되었다.

서킷 브레이커
Circuit Breakers

주식거래 시 주가가 급격하게 하락할 때 매매를 일시적으로 중단하는 제도이다. 1987년 미국 사상 최악의 주가 대폭락사태인 블랙먼데이(Black Monday) 이후 주식시장의 붕괴를 막기 위해 처음으로 도입되었다.

한미통화스와프

한국은행과 미국 연방준비제도가 체결하는 계약으로, 필요시 자국 통화를 상대방 중앙은행에 맡기고 그에 상응하는 외화를 빌려 올 수 있도록 한다. 한미 통화스와프는 2008년과 2020년 두 번 체결이 이뤄졌다.

밴드왜건 효과
Bandwagon Effect

악단을 선도하며 요란한 연주로 사람들을 끌어 모으는 악대차에서 유래되었다. 대중적으로 유행하는 정보를 따라 상품을 구매하는 현상을 말하며 정치 분야에서는 선거운동에서 우세를 보이는 후보 쪽으로 투표자가 가담하는 현상을 말한다. 경제학에서는 다른 사람들이 어떤 상품을 소비하기 때문에 그 상품의 수요가 증가하는 현상을 의미한다.

긱 이코노미
Gig Economy

기업들이 정규직 보다 계약직 혹은 임시직으로 사람을 고용하는 형태가 확산되는 경제 현상을 일컫는 용어이다.

오픈 뱅킹
Open Banking

하나의 애플리케이션으로 모든 은행 계좌 조회, 결제, 송금 등의 금융 서비스가 이뤄지도록 하는 것이다. 2019년 10월 30일부터 시범 운영을 시작했고, 같은 해 12월 18일 정식 가동됐다.

캐즘
Chasm

본래 지질학 용어로, 지층 사이에 큰 틈이나 협곡이 생긴 것을 말하는데 새로운 첨단 기술이나 상품 출시 후 초기 시장과 주류 시장 사이에서 일시적으로 수요가 정체되거나 후퇴되어 단절이 일어나는 현상을 뜻한다.

경제불쾌지수

한 나라의 경제에 대한 국민들의 불만 정도를 나타내는 지수를 말한다. 소비자물가 상승률과 실업률을 합한 다음 실질 경제성장률을 뺀 수치다. 경제 불쾌지수가 15를 넘으면 대부분의 국민이 경제적 불안을 느끼는 것으로 해석된다.

국부펀드
SWF:Sovereign Wealth Fund

외환보유액 중 일부를 전 세계의 부동산이나 주식, 부실채권 등의 수익성 높은 자산에 투자한 자금으로, 정부에 의해 직접적으로 소유되는 기관이다. 대부분의 국부펀드는 외환보유고에서 기원했으며, 외환보유고는 금으로만 구성되어 있었으나, 브레튼우즈체제 아래에서 미국은 달러를 금에 고정시켰고, 태환을 허용했다. 나중에 미국은 이를 포기하면서 달러는 불환지폐로서 안정적이었고, 일반적인 준비통화로 남았다. 1990년대 초반과 2000년대 후반, 중앙은행은 여러 나라의 통화로 막대한 자산을 보유하게 되었고, 그 규모가 국채채권 및 주식시장의 규모보다 커지면서 각국의 정부는 특수한 목적의 비전통적인 자산에 투자하는 기관을 설립하기 시작했다. 국부펀드라는 용어가 생긴 것은 2005년경이며, 여러 나라가 국부펀드를 설립하면서 '국부펀드'라는 용어의 사용이 늘어나게 되었고, 우리나라도 2005년 7월 외환보유액의 효육적인 관리를 위해 한국투자공사가 설립되었다.

덤벨 경제
Dumbbell Economy

건강과 체력관리에 대한 관심이 증가하면서 관련 시장이 급격히 성장하는 경제 현상이다. '워라밸(Work and Life Balance)'의 열풍으로 삶의 질을 추구하는 풍조가 확산되면서 운동 외에도 보조 식품, 운동용품 등 건강에 대한 소비가 증가하고 있다.

디맨드풀인플레이션
Demand Pull Inflation

초과수요로 인하여 발생하는 인플레이션으로 초과수요인플레이션 이라고도 한다. 경기의 호황상 태가 과열단계에 이르면 총 수요가 총 공급을 웃돌아 수요에 대한 공급 부족이 발생하여 생기는 물가상승으로 인한 인플레이션이다.

넥스트 빌리언
Next Billion

브라질, 중국, 인도를 중심으로 한 아시아, 남아메리카, 아프리카 등 신흥시장의 저소득층이다. 소득수준을 기준으로 극빈층보다는 소득이 높지만, 중산층보다는 소득이 낮은 저소득층 소비자 집단에 해당되며, 이들 신흥시장은 경제성장이 매우 빠른데다, 개인소득이 국가경제발전 속도보 다 빠른 속도로 늘어나고 있어서 넥스트빌리언그룹 역시 현재는 저소득층이지만, 향후 구매력 높 은 새로운 소비층으로 부상할 가능성이 높다는 것이다.

누드 마케팅
Nude Marketing

소비자들의 주목을 받기 위해 제품정보를 가감 없이 공개하는 것은 기본이고 제품 생산에 사용되 는 원재료와 생산과정까지 낱낱이 공개하는 방식의 마케팅이다. 이를 투명 마케팅이라고도 한다. 소비자들의 공장 견학 행사나 직접 제품을 만들어 보는 이벤트 또는 기업 활동의 투명성을 강조 하고 신뢰도를 높이는 캠페인을 실시하는 등 누드 마케팅의 범위가 확장되고 있다.

역선택
Adverse Selection

정보력을 많이 가진 집단이 정보력 없는 집단에게 정보의 왜곡이나 오류를 줘서 이익을 취하는 선 택의 여지를 많이 갖도록 하는 행위를 말한다. 거래 양 당사자 중 한쪽에만 정보가 주어진 경우, 정보가 없는 쪽의 입장에서는 옳지 않은 거래를 할 가능성이 높다는 것이다. 어느 한쪽만이 정보 를 가지고 있기 때문에 발생하는 문제이며 결과적으로 정상 이상의 이득을 챙기거나 타인에게 정 상 이상의 손해 또는 비용을 전가하는 행위를 가리킨다. 역선택은 보험시장, 노동시장, 금융시장, 중고자동차시장 등을 설명할 때 주로 이용된다.

스톡그랜트
Stock Grant

스톡그랜트는 주식을 주고 유능한 인재를 스카우트하는 방식으로 유능한 인재를 영입하기 위해 주식매입선택권인 스톡옵션 대신 회사주식을 무상으로 주는 인센티브 방식이다.

래칫 효과
Ratchet Effect

래칫은 톱니바퀴가 역회전하는 것을 방지하기 위한 장치 또는 역회전이 되지 않도록 고안된 톱니 바퀴를 말한다. 거꾸로 갈 수 없는 특징으로 랫칫은 꾸준한 상승 또는 하강을 말한다. 즉, 소득이 높을 때 했던 소비 형태는 소득이 떨어진 상태에서도 변하지 않고 계속 높은 상태를 유지하는 형 상을 래칫효과라고 한다. 다른 말로 톱니바퀴 효과 또는 관성효과라고도 한다.

베블런 효과
Veblen Effect

가격이 오름에도 불구하고 일부 계층의 과시욕이나 허영심 등으로 인해 수요가 증가하는 현상을 말한다. 미국의 경제학자 소스타인 베블런이 그의 저서 유한계급론에서 처음 사용했다. 가격이 비싼 물건을 소유하면 남들보다 돋보일 것이라고 생각하는 인간의 심리를 의미하기도 한다. 베블 런 효과는 보유한 재산의 정도에 따라 성공을 판단하는 물질 만능주의 사회를 비판하면서 자신 의 성공을 과시하고, 허영심을 만족시키기 위해 사치하는 상류계층의 소비와 이를 모방하기 위해 무리한 소비를 행하는 하위계층의 소비현상을 표현한 것이다.

징벌적 손해배상제
Punitive Damages

가해자의 행위가 악의적이고 반사회적인 경우 그 행위로 인해 생긴 손해액보다 훨씬 많은 금액을 배상하게 하는 제도이다. 끼친 손해에 상응하는 액수만을 보상하게 하는 보상적 손해배상만으로는 예방적 효과가 충분하지 않기 때문에 고액의 배상을 치르게 함으로써 유사한 불법행위의 재발을 억제하는데 목적을 둔다.

스태그플레이션
Stagflation

침체를 의미하는 '스태그네이션(Stagnation)'과 물가상승을 의미하는 '인플레이션(Inflation)'을 합성한 용어로, 경제활동이 침체되고 있음에도 불구하고 지속적으로 물가가 상승되는 상태가 유지되는 저성장·고물가 상태를 의미한다.

승자의 저주
Winners Curse

승자에게 내려진 저주라는 뜻으로 '승자의 재앙'이라고도 한다. M&A 또는 법원 경매 등의 공개입찰 때 치열한 경쟁에서 승리하였지만 이를 위하여 지나치게 많은 비용을 지불함으로써 오히려 위험에 빠지게 되거나 후유증을 겪는 상황을 뜻하는 말이다.

엔젤산업

교육비, 장난감, 옷값, 용돈 등 유아부터 초등학교 어린이에게 지출하는 비용이 가계 총지출에서 차지하는 비율을 '엔젤 계수'라고 하는데 여기서 유래한 '엔젤 산업'은 0 ~ 14세의 영유아를 대상으로 한 산업을 말한다.

밸리 효과
Valley Effect

올림픽이나 월드컵 등 대규모 국제행사 개최를 위한 과도한 투자로 경기가 과열되다 행사 이후 경기가 빠르게 침체되는 현상을 말한다. 밸리 효과는 올림픽 개최국가가 작을수록, 개최도시의 GDP점유비중이 클수록 높은 경향이 있는 것으로 알려져 있다.

캐시카우
Cash Cow

시장 점유율이 높아 꾸준한 수익을 가져다주지만 시장의 성장 가능성은 낮은 제품이나 산업을 말한다.

풍선효과
Balloon Effect

풍선의 왼쪽 측면을 손으로 누르면 반대편인 오른쪽 측면이 튀어나오듯이 어떠한 현상의 문제점을 해결하거나 억제하면 다른 현상이나 문제가 새롭게 불거져 나오는 상황을 말한다. 미국 정부가 마약이 극심한 지역을 억제하기 위해 단속 정책을 벌이자 단속이 약한 지역에서 마약이 성행한 현상에서 나온 표현이다. 또한 시장의 과열 양상, 불평등 고용계약 등 경제적으로 이상적이지 않은 현상을 해결하기 위해 정부가 법, 시행령, 제도 및 정책 등을 통해 수습에 나선다고 하더라도, 인위적인 방법만으로는 시장에 존재하는 수요와 공급의 근본적인 법칙과 힘을 거스를 수 없다는 비판적인 의미로 사용된다.

한계소비성향
Marginal Propensity to Consume

추가로 벌어들인 소득 중 소비되는 금액의 비율로, 1에서 한계저축성향을 차감한 값이다. 예를 들어 한계소비성향이 0.5라면 추가로 벌어들이는 100만 원의 수입 중 50만 원을 소비한다는 뜻이다. 소득 수준별로 한계소비성향이 다른 것은 정부의 재분배정책과 큰 관련이 있다. 소득이 높은 사람들에게 세금을 걷어서 소득이 낮은 사람들에게 재배분하면, 상대적으로 저소득층의 한계소비성향이 높기 때문에 경제 전체의 소비량은 증가하며, 이는 경기를 활성화시키는 효과를 가져온다.

BTL
Build-Transfer-Lease

임대형 민간투자사업이라는 뜻의 BTL은 민간이 공공시설을 짓고 정부가 이를 임차해서 쓰는 민간투자사업방식을 뜻한다. 사회기반, 공공시설 등의 준공과 동시에 해당 시설의 소유권은 국가 또는 지방자치단체로 귀속되나 시설을 완공한 민간기업에게 시설의 관리운영권(사용권)을 인정하여 그 시설을 관리하고 운영하는 권리를 시설을 임차한 국가나 지자체 등의 민간기업과 협약하여 협약 기간 동안 다시 임차하여 사용을 하고, 수익을 내는 방식을 뜻한다.

O4O
Online for Offline

온라인과 오프라인을 결합하되 오프라인에 중심을 두거나, 온라인 기업이 가진 고객 정보와 강점을 살려 오프라인으로 사업 영역을 확대하며 새로운 매출을 만드는 비즈니스 플랫폼을 말한다. 온라인 정보와 로봇 직원, 스마트폰 장바구니 등 최첨단 기술을 활용한 오프라인 무인 마트 '아마존고(Amazon Go)'를 운영하는 것이 대표 사례다.

SPAC
Spacial Purpose
Acquisition Company

특수인수목적회사로 회사를 설립하여 기업공개를 한 후 공모를 통해 다수의 투자자로부터 자금을 모집하고, 상장하여 일정 기간 내에 비상장 유량기업을 합병하는 것을 목적으로 만들어진다. 기업인수목적회사의 투자자들은 합병 후 가격이 오른 상장주식을 주식시장에 매각함으로써 투자이익을 회수하게 된다.

정부실패
Government Failure

시장에 대한 정부의 개입이 자원의 최적 배분 등 본래 의도한 결과를 가져오지 못하거나 기존의 상태를 오히려 더욱 악화시키는 경우를 말한다. 정부실패의 원인은 세금·헌금 등으로 인한 비용과 수입의 분리, 조직성과를 유도하고 조절하기 위한 목표로서의 내부성(internality), 파생적 외부성(derived externality), 권력과 특혜로 인한 분배적 불공평 등을 들 수 있다.

- 내부성 : 관료제 내에서 공익보다 개인의 조직과 이익, 즉 사적 목표를 우선시하는 현상

- 파생적 외부효과 : 정부가 개입하면서 발생하는 비의도적이거나 잠재적인 확산 효과와 부작용

- 비효율성 : 경제주체가 독점적 지위를 가질 때 관리 효율성을 극대화하려는 유인이 부족하여 생산의 평균비용이 증가하는 것

- 권력의 편재 : 정부가 개입하더라도 권력과 특혜에 의한 남용이 이뤄질 때 분배적 불공평이 발생하는 현상

- 비용과 편익의 절연 : 공공재는 수혜자와 비용-부담자로 분리. 비용에 대해 둔감해지며 자원을 효율적으로 활용하는 것이 어려워지는 현상

02 | 시사 상식

CHAPTER

#언택트 #패스트트랙 #가안비 #로맨스스캠

그리드락
Gridlock

교차로에서 옴짝달싹할 수 없는 교통 정체 상황을 정치·경제에 비유하는 용어로, 의견 대립으로 인해 정책 등이 원활하게 추진되지 못하는 상황을 일컫는다. 정치적으로는 정부의 정책이 의회와의 이해관계가 얽힌 대립으로 추진되지 못할 때 사용되며, 경제적으로는 지나치게 많은 자원의 소유권으로 인해 경제활동의 저해와 부가가치 창출을 가로막는 정체 상태를 가리킨다.

촉법소년법

형벌법령에 저촉되는 행위를 한 10세 이상 만 14세 미만의 자로서 형사책임이 없기 때문에 형벌이 아닌 보호처분을 받게 된다.

노블리스 말라드
Noblesse Malade

병들고 부패한 귀족이란 의미로 사회적 지위가 높은 사람들이 도덕적 의무를 다하는 노블레스 오블리주에 반대되는 뜻이다. 돈 많고 권력있는 엘리트 집단이 약자를 상대로 갑질하고 권력에 유착해 각종 부정부패에 가담하는 것이 노블리스 말라드이다.

화이트 리스트
White List

'백색국가'또는 '안전 보장 우호국' 이라고도 하며, 안보에 위협이 될 수 있는 첨단 기술 등을 타 국가에 수출할 때 허가신청이나 절차에서 우대 해주는 국가를 말한다.

김영란법

정식 명칭은 부정청탁 및 금품 등 수수의 금지에 관한 법률이며 2016년 9월 28일부터 시행되었다.

데스크테리어
Desk – terier

책상(Desk)과 인테리어(Interior)의 합성어로, 책상을 정리정돈하고 인테리어 하는 것을 말한다. 감정노동의 스트레스를 해소하고 심리적 안정을 느끼고자 직장인들 사이에서 열풍이 불기도 했다. 이와 관련하여 직장인들 트렌드 용어로 데스크테리어가 꼽히기도 했다.

쇼닥터
Show Doctor

건강정보 방송 등 매체에 빈번하게 출연하면서 근거 없는 치료법, 식품 등을 추천하는 일부 의사를 지칭한다.

FAST IT

값싼 최신 유행 옷을 단기간만 입고 교체하는 것처럼 싼 IT 기기를 자주 바꿔 쓰는 흐름을 의미한다.

디지털 소외계층

스마트 폰 사용과 무인화 흐름에 따라 셀프 계산대(키오스크) 늘어나고 있는데, 이러한 디지털 기술의 발달과 급속한 변화에 적응하지 못하는 계층을 말한다. 소외계층의 대부분은 노년층이며, 이는 세대 간의 갈등을 불러오는 등 편리함 이면의 문제점들이 대두고 있다.

농르풀망의 원칙
Principle of Non – Refoulement

망명자를 박해가 우려되는 국가로 송환해서는 안 된다는 즉, 강제송환금지의 원칙이다. 1954년에 발효된 난민의 지위에 관한 조약에 규정되어 있다. 우리나라는 이 원칙을 근거로 탈북자를 난민으로 간주하여 보호하고 있다.

사이토카인 폭풍
Cytokine Storm

면역세포가 분비하는 면역조절제인 사이토카인이 과도하게 분비되는 현상으로, 몸속 면역체계가 바이러스뿐만 아니라 정상 세포까지 공격하여 심한 경우 죽음에 이르게 된다.

체리피커
Cherry Picker

기업의 상품이나 서비스를 구매하지 않으면서 자신의 실속에만 관심을 두고 있는 소비자를 말하며, 신용카드의 혜택만 누리고 카드는 사용하지 않는 고객을 가리키는 용어였다.

리셀러
Reseller

상품을 되팔아 수익을 올리는 사람이나 기업을 의미하나, 한정판 제품 등 인기 있는 상품을 재판매하여 수익을 일으키는 인터넷 판매자를 일컫는 용어로 많이 사용된다.

드론
Drone

무신진파로 조종할 수 있는 무인 항공기로 카메라, 센서, 통신시스템 등이 탑재되어있으며 무게와 크기도 다양하다. 군사용도가 목적이었으나 최근엔 고공 촬영과 배달 등으로 사용범위가 넓어졌으며 값싼 키덜트 제품으로 생산되어 개인도 부담 없이 드론을 구매하고, 농약을 살포하거나 공기질을 측정하는 등 다방면에 활용되고 있다.

MCN
Multi – Channel Network

다중 채널 네트워크는 인터넷 방송을 위한 기획사를 말한다. 1인 창작자와 제휴해 프로그램 기획, 마케팅, 제작 시설·장비, 저작권, 홍보, 교육, 광고, 수익 관리 등을 지원한다.

플라스틱 제품 규제

환경보호를 위해 자연에서 분해되지 않은 화학 플라스틱 제품 사용을 금지하는 법으로 처음엔 불편함을 호소했으나, 점차 과대포장이 사라지고 일회용 컵 대신 텀블러 사용하는 등 플라스틱 제품을 금지·대체하는 움직임이 자리를 잡았다.

OTT 서비스
Over The Top Service

OTT(Over The Top Service)는 인터넷으로 각종 미디어 콘텐츠를 제공하는 서비스를 말한다. 초기에 단말기를 통해 영화·TV프로그램 등 프리미엄 콘텐츠를 VOD 방식으로 제공하는 서비스를 지칭했으나 콘텐츠 유통이 모바일까지 포함하면서 OTT의 의미가 확대됐다. 대표적인 서비스로는 넷플릭스, 왓챠, 티빙 등이 있다.

헤이트 스피치
Hate Speech

인종이나 단체, 국적, 종교, 외모 등 특정 그룹 사람들을 의도적으로 폄하하고 선동하는 발언을 말한다. 증오를 담고 있기 때문에 증오발언이라고도 한다. 발언을 넘어 물리적 폭력이나 테러 등의 범죄행위는 헤이트 크라임(Hate Crime)이라고 한다.

공수처법

고위공직자비리수사처 설치에 관한 법률안으로 고위공직자 등의 범죄행위를 상시적으로 수사·기소할 수 있는 고위공직자비리수사처를 설치하여 고위공직자 등의 부정부패와 권력남용을 방지함을 목적으로 한다.

팬슈머
Fansumer

상품이나 브랜드의 생산 과정에 참여하는 소비자를 일컫는다. 팬슈머들은 생산 과정에 참여해 성취감과 즐거움을 느끼면서 적극적인 소비에 나서지만 무조건적으로 지지만 하지 않고 비판, 간섭을 일삼는다는 특징을 가진다. 오디션 프로그램에 투표하고 생산하고 소비하는 과정을 예로 들 수 있다.

죄수의 딜레마
Prisoner's Dilemma

2명 이상의 공범을 분리하여 경찰관이 취조할 경우 범인이 자백하지도, 끝까지 범행을 부인하지도 못하는 심리적 모순 상태를 말한다. 피의자 대부분은 심리적인 갈등상태에서 자백하는 경우가 많은데 이는 각 개인이 자신의 이득만을 생각하고 의사결정을 내릴 때, 사회 전체에 손실을 야기할 수 있다는 것을 설명하는 예가 된다.

매니페스토
Manifesto

선거 시에 목표와 이행 가능성, 예산 확보의 근거를 구체적으로 제시한 유권자에 대한 공약을 말한다.

액세스권
Right of Access

국민이 자신의 사상이나 의견을 발표하기 위해 언론매체에 자유롭게 접근하여 이용할 수 있는 권리로, 매체접근권이라고도 한다.

고슴도치 딜레마
Hedgehog's Dilemma

인간관계에 있어 서로의 친밀함을 원하면서도 동시에 적당한 거리를 두고 싶어 하는 욕구가 공존하는 모순적인 심리상태를 말한다. 최근 1인 가족의 출현은 인간관계 맺기 자체에 대한 두려움과 타인과 적당한 심리적 거리를 유지하는 것의 어려움을 반영하는 현상을 말하는 심리학 용어이다.

언택트
Untact

'콘택트(contact)'와 '언(un-)'의 합성어로, 기술의 발전을 통해 점원과의 접촉 없이 물건을 구매하는 새로운 소비 경향을 의미한다.

딥페이크
Deepfake

인공 지능을 기반으로 한 인간 이미지 합성 기술로 가짜 리벤지 포르노, 가짜 뉴스로 만드는 등 악용되어 논란이 되고 있다.

업사이클링
Up Cycling

버려지는 제품을 새로운 제품으로 재탄생시키는 것을 말한다. 우리말 표현은 '새활용'이다. 리사이클링에서 더 나아가 새로운 가치를 더해 전혀 다른 제품으로 다시 생산하는 것을 말한다.

낙수효과
Trickle Down Effect

정부가 경제정책으로 대기업, 고소득층 또는 부유층의 소득과 부를 먼저 증가시키면 소비와 투자 증가로 이어져 중소기업과 저소득층도 혜택을 볼 수 있다는 주장이다. 이는 분배와 형평성보다는 성장과 효율성을 중시하는 논리에 근거한다.

노플라이 제도
No Fly System

항공기 기내에서 폭력 및 폭언 등으로 항공기 운항 안전을 방해하거나 승무원이나 승객을 대상으로 난동을 부리는 행위, 기내에서 금하는 행위를 한 승객에게 일시적이나 영구적으로 해당 항공기 탑승을 거부하는 제도를 의미한다. 일본항공, 델타항공, 네덜란드 항공 등에서 운영하고 있으며, 대한항공도 시행하고 있다.

J커브 효과
J-Curve Effect

환율이 변동해도 조정효과가 나타나기까지 시간이 걸려 당분간의 무역수지가 본래의 조정과정으로 들어가는 현상으로, 무역수지개선을 위해 환율 상승을 유도하더라도 그 초기에는 무역수지가 오히려 악화되다가 상당기간이 지난 후에야 개선된다. 그래프로 표시할 때 'J'를 거꾸로 한 모양이 되어 J커브라 한다.

브이로그
V-log

비디오(Video)와 블로그(Blog)의 합성어로 영상으로 기록을 남기는 것을 의미한다. 브이로그는 유튜브 등 동영상 플랫폼 및 각종 인터넷 스트리밍 플랫폼을 매개로 하고 있으며, 특정 주제보다는 일상적인 이야기를 주로 다룬다. 브이로그를 하는 사람을 '브이로거'라고 부르는데, 순간순간을 틈틈이 영상으로 남기고 자막과 음악 등을 덧입히는 작업을 한다. 그렇게 완성된 브이로그를 자신의 블로그나 SNS 등에 공유한다. 브이로그의 인기 비결로는 '공감'과 '대리만족'을 꼽는다.

치킨게임
Game of Chicken

경쟁을 할 때 어느 한 쪽이 양보하지 않을 경우 상대가 무너질 때까지 출혈 경쟁을 해서 결국 양쪽 모두 파국으로 치닫게 되는 극단적인 게임이론이다. 1950년대 미국 젊은이들 사이에서 유행하던 자동차 게임의 이름이 치킨게임이며, 한밤중에 도로에서 마주보고 두 명의 경쟁자가 자신의 차를 몰고 각각 정면으로 돌진하다가 충돌 직전에 핸들을 꺾는 사람이 지는 경기로 어느 한 쪽도 핸들을 꺾지 않으면 모두 승자가 되지만 결국 충돌하여 양쪽 모두 파멸하게 된다. 이때 핸들을 꺾는 사람이 치킨으로 몰려 명예롭지 못한 사람 취급을 받는다.

패스트 트랙
Fast Track

국내 정치에서는 국회에서 발의된 안건의 신속처리를 위한 제도라는 뜻을 갖고 있으며, 경제 분야에서는 일시적으로 자금난을 겪고 있는 중소기업을 살리기 위한 유동성 지원 프로그램을 가리키는 용어로 사용된다. 또 국제 분야에서는 미국 대통령이 국제통상협상을 신속하게 체결할 수 있도록 의회로부터 부여받는 일종의 협상특권을 지칭한다.

미세먼지특별법

미세먼지 농도가 심각한 수준에 이를 경우 이를 저감하기 위한 권한과 조치를 지자체에 부여할 수 있다. 해당 법안에 따라 지자체는 미세먼지 관리 종합대책을 마련하여 자동차 운행 제한과 대기오염물질 배출시설 가동시간 조정, 학교 휴업 권고 등의 조치를 할 수 있다.

투어리스티피케이션
Touristification

관광지가 되어간다는 뜻의 'Touristify'와 지역의 상업화로 임대료가 크게 올라 기 거주민들이 밀려난다는 뜻의 'Gentrification'을 합한 말이다. 주거지역이 관광지화 되며 기존 거주민이 이주하는 현상을 뜻한다. 우리나라 대표적 지역은 서울 종로구 가화동 북촌 한옥마을이나 통영 동피랑 마을, 이화동 가회마을이 대표적이다.

재핑효과
Zapping Effect

재핑(Zapping)이란 방송 프로그램 시작 전후에 노출되는 광고를 피하기 위해 채널을 돌리는 행위를 말한다. 재핑 시 의도하지 않은 방송을 보게 되지만, 호기심에서 그 채널에 머물러, 장기간 시청으로 연결되는 경우를 재핑 효과라 한다. 지상파 방송 채널과 채널 사이에 홈쇼핑 채널을 넣어 자연스럽게 시청을 유도하는 행위가 이러한 경우이다.

팝콘브레인
Popcorn Brain

팝콘이 터지듯 크고 강렬한 자극에만 뇌가 반응하는 현상을 말하며, 다른 사람의 감정 또는 느리고 무던하게 변화하는 현실에는 무감각하게 특징이다. 할 일을 미루면서 10분이 멀다 하고 스마트 폰 화면을 켜보기 일쑤라면 팝콘 브레인을 의심해야 한다. 급한 업무도 아닌데 여기저기 문자메시지를 보내고 인터넷 접속을 반복하는 것도 팝콘 브레인의 증상이다.

불쾌한 골짜기 이론
Uncanny Valley

인간이 아닌 존재를 볼 때, 인간과 더 많이 닮을수록 호감도가 높아지지만 일정 수준에 다다르면 오히려 불쾌감을 느낀다는 이론이다. 로봇이 사람의 모습과 흡사해질수록 인간이 로봇에 대해 느끼는 호감도가 증가하다가 어느 정도에 도달하게 되면 갑자기 강한 거부감으로 바뀌게 되는 것이다. 하지만 로봇의 외모와 행동이 인간과 거의 구별이 불가능할 정도가 되면 호감도는 다시 증가하여 인간 사이에서 느끼는 감정의 수준까지 도달하게 된다는 것이다.

바나나 현상
Banana Syndrome :
Build Absolutely Nothing
Anywhere Near Anybody

'Build Absolutely Nothing Anywhere Near Anybody.'라는 구절의 각 머리글자를 따서 만든 신조어이다. '어디에든 아무 것도 짓지 마라'는 의미로 유해시설 설치 자체를 반대하는 것이다. 님비현상과 유사한 개념이나, 님비현상이 자신의 지역에 유해시설이 들어서는 것을 반대하는 반면 바나나현상은 시설의 설치 자체를 반대하는 것이다.

거스름돈
계좌 입금 서비스

2020년 하반기부터 시행된 동전 없는 사회 2단계 사업으로, 결제 시 발생하는 거스름돈이 소비자의 은행 계좌로 바로 입금되는 서비스이다. 입금 방식은 실물 현금카드를 사용하거나 관련 애플리케이션으로 바코드나 QR코드를 제시하면 된다. 매장 단말기가 인식하면 거스름돈이 계좌에 곧바로 입금된다. 동전의 발행과 유통 비용 부담이 감소하고, 유통업체는 비교적 저렴한 현금카드 수수료를 부담하고, 구매자는 잔돈을 지니지 않아도 된다는 이점이 있다.

펫로스 증후군
Pet Loss Syndrome

무조건적인 사랑의 대상이었던 반려동물이 죽은 뒤에 경험하는 상실감과 우울 증상을 말한다. 주로 죄책감, 죽음에 대한 부정, 원인(질병이나 사고)에 대한 분노, 우울증 등이 있다. 반려동물이 늘어나면서 펫로스 증후군 또한 확산되고 있는 추세이다. 하지만 아직까지 반려동물을 잃은 마음을 존중하는 정신은 아직 미숙하다. 반려인에게 더 큰 슬픔과 상실감을 안겨 주지 않도록 주의해야 한다.

징벌적 손해배상

처벌적 손해배상이라고도 한다. 가해자가 피해자에게 무분별한 불법 행위를 저지른 경우에 민사재판에서 가해자에게 징벌을 가할 목적으로 부과하는 손해배상이다. 실제 손해액보다 훨씬 많은 금액, 단 5배가 넘지 않는 범위에서 책임을 묻는다.

생활 SOC
Social Overhead Capital

'Social Overhead Capital'의 약자로 사람들이 먹고, 자고, 자녀를 키우고, 노인을 부양하고, 일하고 쉬는 등 일상생활에 필요한 인프라와 삶의 기본 전제가 되는 안전시설을 말한다. 체육관이나 도서관, 문화센터, 아트홀, 어린이집, 공영주차장 등이 생활 SOC에 해당된다. 기존의 SOC는 경제 성장에 초점을 둔 도로, 철도, 공항, 항만 등 생산의 기반이 되는 시설이나 이용자 편의시설을 의미했지만 국민이 체감하는 삶의 질 제고에 한계가 있자 이를 극복하고자 정부는 2018년부터 생활 SOC 개념을 도입했다.

천리한 2B호

천리한 2호는 2010년 6월 발사된 한국 최초의 정지궤도 위성인 천리한 1호의 설계수명(7년) 만료일이 다가오면서 이를 대체하기 위해 개발된 위성이다. 해양, 환경탑재체가 실린 2B는 2020년 2월 18일 발사되었다. 천리한 2B호의 시스템과 본체 등은 국내 독자 기술로 개발했으며 세계 최초로 환경탑재체가 장착되어 대기 중의 미세먼지 등을 관측할 수 있다.

콜드리딩
Cold Reading

상대에 대한 정보 없이 상대의 마음을 읽어내는 기술을 말한다. 콜드리더는 상대방의 신체 언어, 억양 및 음색, 헤어 및 패션, 성별, 종교, 인정, 교육수준, 말하는 방식 등을 분석하여 마음을 읽어내며 그 사람의 과거와 현재 및 미래를 예측하기도 한다. 주로 심리치료사나 점쟁이가 사용하며 상대가 비밀을 털어놓도록 하거나 무조건 자신의 말을 믿을 수 있도록 만든다.

머천다이징
Merchandising

적당한 상품을 알맞은 값으로 적당한 시기에 적당량을 제공하기 위한 상품화 계획으로, 상품을 생산하기 위해서는 제품의 품질, 디자인, 제품의 개량, 새로운 용도 발견, 제품라인의 확장 등에 관한 철저한 시장조사가 행해져야 한다.

로빈후드 효과
Robin Hood Effect

로빈후드는 영국 민담 속에 등장하는 의적의 이름에서 따온 것이다. 로빈후드가 지주들의 곳간을 털어 백성들에게 재물을 나누어준다면, 소작농들은 기뻐하겠지만 다음 날 화난 지주들은 빈 곳간을 채우기 위해 소작농들을 더 수탈하게 된다. 이때 로빈후드가 다시 지주의 곳간을 털면 지주들은 아예 마을을 떠나 버릴 수 있다. 지주들이 땅을 팔고 떠나면 소작농들은 농사를 짓던 땅도 잃게 되고, 결국 삶은 더 팍팍해진다는 이야기를 말한다. 즉, 로빈후드 효과는 소득 불평등을 해소하기 위해 부를 재분배할 경우 오히려 사회 전체의 부가 축소되는 현상을 뜻하며 이를 '로빈후드 법칙'이라고도 한다. 이러한 효과는 정치적 보수층이 사회적 분배나 부유세, 복지정책 등의 정책에 반박하기 위해 주로 인용한다. 저소득층 지원을 위해 고소득층에게 부담을 지우는 법을 '로빈후드 법', 고소득층에게 부과하는 세금을 '로빈후드 세'라고도 부른다.

블랙 라이브즈 매터
Black Lives Matter

'흑인의 목숨도 소중하다'는 뜻으로, 2012년 미국에서 흑인 소년을 죽인 백인 방범요원이 이듬해 무죄 평결을 받고 풀려나면서 시작된 흑인 민권 운동을 말한다. 이는 흑인에 대한 과도한 공권력 사용에 항의할 때 사용되는 시위 구호이기도 하다. 최근 2020년 조지 플로이드 사건으로 'Black Lives Matter'가 적힌 팻말을 든 수천 명의 시민들이 거리로 나왔다.

공인인증서

인터넷상의 다양한 전자거래 시 인감증명서처럼 사용하는 전자정보로, 거래 당사자의 신원을 확인하여 문서의 위조와 변조를 막는다. 그러나 보관과 갱신 등 사용이 불편하여 지속적으로 불만 제기가 있었다. 오랜 사용 끝에 2020년 5월 20일 공인인증서 폐지를 골자로 하는 전자서명법 개정안이 국회 본회의를 통과했고 2020년 6월 2일 정부는 국무회의를 통해 해당 법안을 의결했다.

넷 제로
NET zero

Net은 제외하고 남은 것, Zero는 아무것도 없다는 뜻으로 손실이나 이득이 없이 순 제로인 상태, 아무것도 없는 상태를 말한다. 배출량을 줄이고 대기 중의 이산화탄소를 흡수하는 방법을 통하여 기업 또는 개인이 배출한 온실 가스의 총량을 '0'으로 만들자는 목표의 정책이다. 중립의 개념인 'Zero'는 '탄소Zero', '탄소중립(Carbon Zero)'라고도 부른다.

가안비

비용을 조금 더 지불하더라도 건강과 안전을 고려하는 소비를 말한다. 주요 소비 트렌드인 가성비와 가심비에 이어서 코로나19로 인해 새롭게 등장한 개념이다. 위생 및 공중보건과 안전에 대한 경각심이 늘어나면서 가성비와 가심비보다 건강과 안전을 생각하여 비용을 조금 더 지불하는 소비자가 증가하였다. 따라서 살균램프, 초음파세척기, 세정제 등의 판매율이 늘어나고 있다.

뉴로모픽 칩
Neuromorphic Chip

인공 뇌라고 불리는 뉴로모픽 칩은 인간의 뇌 신경 구조, 즉 뉴런의 형태를 모방하여 만든 것으로 인간의 인지와 같은 방식으로 정보를 처리한다. 기존 반도체보다 성능이 뛰어나지만 전력 소모량이 훨씬 적기 때문에 미래 반도체 시장의 핵심 기술로 평가하고 있다.

커넥티드 카
Connected Car

IT 기술과 자동차를 융합시킨 것으로 다른 차량이나 교통 및 통신 기반 시설(Infast recture)과 무선으로 연결하여 위험 경고, 실시간 내비게이션, 원격 차량 제어 및 관리 서비스뿐만 아니라 전자 우편(E-Mail), 멀티미디어 스트리밍, 누리 소통망 서비스(SNS)까지 제공한다.

A&D
Acquisition & Development)

직접 개발하기보다는 필요한 기술을 갖춘 기업을 인수하는 방식이다. 인터넷시대에 접어들면서 연구개발에 대한 인식이 많이 변화했다. 공들여 개발한 기술이 시장에 나오기도 전에 퇴물로 전락해 버리는 경우가 있는가 하면 시장에 출시되었어도 빠른 기술발전으로 신제품 수명이 과거와는 비교할 수 없을 정도로 짧아졌다. 이에 시장의 변화에 따라 기술개발도 시간에 민감하게 변화하고 있다. 이 같은 상황을 반영해 나온 것이 A&D로, 인터넷을 통한 해외 아웃소싱 통로가 넓어진 것도 A&D 환경을 성숙시키는 요인이다. 소프트웨어의 경우, 굳이 인력이 없더라도 인터넷을 통해 소스코드를 주고받는 일이 가능해졌으며, A&D는 기업인수를 통해서만이 아니라 국지적으로 얼마든지 이뤄질 수 있게 되었다.

덤스터 다이빙
Dumpster Diving

대형 쓰레기통에서 음식이나 물건을 줍는 행위를 말한다. 버려진 물건을 재활용하거나, 버려진 옷을 입는 것이 그 예다. 주로 생활고 때문에 행해지나, 과잉 생산과 소비에 반대하는 일종의 환경운동 성격을 띠기도 한다.

욕구단계설

매슬로우의 인간욕구 5단계 이론이다. 미국 심리학자 매슬로우의 심리학 이론으로 인간의 욕구는 타고났으며 그 강도와 중요성에 따라서 5가지로 분류한 이론이다. 사람은 기초적 욕구를 먼저 채우려 하며 만족이 되면 그 다음, 또 그 단계의 욕구를 계속 채우려고 하는 것이다. 즉, 5가지 욕구를 만족하려고 하지만 우선순위를 갖춰 차례대로 만족하려 한다는 것을 말한다.

로맨스 스캠
Romancescam

SNS 등 온라인으로 피해자에게 접근하여 환심을 산 뒤 금전을 뜯어내는 사기수법이다. 이 로맨스 스캠은 2018년부터 본격적으로 성행하기 시작했다. 보통 상대방이 교제하는 사람이 없는 것을 확인한 후 칭찬이나 관심으로 신뢰관계를 형성한 후 거절하기 어려운 부탁을 하여 금전을 요구한다.

매너리즘
Mannerism

예술의 창작이나 그 발상에서 독창성을 잃거나 표현수단의 한계로 평범한 경향으로 흘러 예술의 신선함과 생기를 잃는 일을 일컬으며, 현상 유지의 경향이나 자세를 가리키기도 한다.

메타버스
Metaverse

가공, 추상을 의미하는 메타와 세계를 의미하는 유니버스의 합성어로 3차원 가상세계를 뜻한다. 기존의 가상현실보다 업그레이드된 개념으로 가상현실이 현실세계에 흡수된 형태이다. 즉, 가상세계의 현실화인 셈이며, 증강현실, 라이프로깅, 거울세계, 가상세계로 더욱 세분화할 수 있다.

플레비사이트
Plebiscite

직접민주주의의 한 형태로 국민이 국가의 의사결정에 참여하는 제도로 일종의 국민투표이다.

블록체인
Block chain

가상 화폐로 거래할 때 해킹을 막기 위한 기술이라고 할 수 있다. 블록에 데이터를 담아 체인 형태로 연결, 수많은 컴퓨터에 동시에 이를 복제해 저장하는 분산형 데이터 저장 기술이다. 공공 거래 장부라고도 부른다. 중앙 집중형 서버에 거래 기록을 보관하지 않고 거래에 참여하는 모든 사용자에게 거래 내역을 보내 주며, 거래 때마다 모든 거래 참여자들이 정보를 공유하고 이를 대조해 데이터 위조나 변조를 할 수 없도록 되어 있다. 2007년 나카모토 사토시가 글로벌 금융위기 사태를 통하여 중앙집권화 된 금융시스템의 위험성을 인지하고, 개인 간 거래가 가능한 블록체인 기술을 고안하였다. 이를 통하여 2009년 암호화폐인 비트코인이 탄생한 것이다.

영기준예산제도

정부의 신규예산 편성 시 전년도 예산을 기준으로 책정하는 것과 달리 과거의 실적, 효과, 정책의 우선순위를 심사하여 예산을 편성하는 것을 말한다.

멀티페르소나
Multi Persona

개인이 상황에 맞게 다른 사람으로 변신하여 다양한 정체성을 표출하는 것으로 회사나 학교 등 사회생활 할 때, 친구들을 만날 때, SNS로 소통할 때 등 그 상황에 따라 다양한 정체성이 발현되는 것을 일컫는다.

패닉 바잉
Panic Buying

현재의 가격에 상관없이 가격이 상승과 물량 소진에 대한 불안으로 생필품 또는 주식이나 부동산 등을 사들이는 것을 말한다. 시장의 심리적인 불안으로 가격의 높고 낮음과는 관련 없이 물량 확보하는 것은 거래량이 늘어나면서 가격은 급상승하게 되는 부작용을 만든다.

워라블
Work – Life Blending

밀레니얼 세대의 라이프 스타일인 워라밸(Work–Life Balance)의 의미는 자칫 스트레스가 될 수 있다. 지나치게 개인 생활을 중요하게 여기면서 퇴근시간만을 기다리거나, 업무 중 휴식 시간을 당연하게 요구하는 것 등이다. 따라서 워라블은 일과 삶의 적절한 블렌딩을 뜻하는 말로 업무시간을 포함한 일상생활 속에서 일과 관련된 영감을 얻고 업무로 이어지는 것을 의미한다. 워라블은 잘못 해석하면 '워커홀릭'처럼 보일 수 있지만 '자신이 주도적으로 한다'는 것이 가장 중요한 포인트이다.

인스피리언스
Insperience

집안(Indoor)과 경험(Experience)을 뜻하는 말로, 외부의 경험을 집 안으로 들여와 삶을 영위하는 사람들을 일컫는다. 이들은 개인생활 공간을 다양하게 꾸며 자신만의 삶을 즐기는 것을 목적으로 한다. 코로나19 사태로 '소비 공간'을 밖이 아닌 안으로 선택하여 안에서의 경험을 따르는 사람이 많아진 상황을 말한다.

B3W
Build Back Better World

미국의 조 바이든 대통령이 글로벌 인프라 구축을 위해 주장한 파트너십으로 개발도상국들의 사회기반시설의 구축을 중국에 맡길 수 없다며 G7 정상들이 모인 자리에서 강공책을 쏟아냈다. 이는 중국의 일대일로(一帶一路) 프로젝트에 맞서 저·중소득국의 인프라 개발 요구에 부응하며 현대화를 주도적으로 나서겠다는 의미로 B3W를 출범시키기로 했다.

죄악세
Sin Tax

주류, 담배, 도박 등 사회에 부정적인 영향을 끼치는 것들로 소비를 억제할 필요가 있는 품목에 과세하는 세금이다. 죄악세의 목적은 담배, 주류 등이 소비되면서 발생하는 여러 문제들(담배 소비로 인한 간접흡연, 주류 소비로 인한 음주운전, 음주폭력 등)을 처리하는 과정에서 사회적 비용을 줄이고, 국민의 복지와 건강을 증진시키기 위함이다. 죄악세의 대표적인 항목은 담배, 주류로 소비자 지불 금액 중 세금이 60 ~ 70% 차지한다. 특히, 담배는 교육세, 소비세, 국민건강증진기금, 부가가치세, 폐기물부담금 여러 가지 부담금을 포함한다.

준예산

회계연도 개시 전 제출한 예산안이 개시 후 의결이 안 될 경우 일정한 범위 내에서 전년도 예산에 준해 지출할 수 있도록 집행하는 잠정적인 예산을 말한다.

다면평가제

직구성원들을 평가함에 있어 상사 한 사람의 평가가 아닌 관련된 모든 사람이 평가자로 참여하여 평가의 객관성과 신뢰도를 높이고자 하는 제도이다.

눔프현상
NOOMP

'Not out of my pocket'의 약자로 정부의 복지 정책 확대에는 찬성하지만 자신의 주머니에서 돈이 나가는 것은 반대한다는 뜻이다. 복지에 대한 생각은 있지만 행동은 따르지 않는 괴리를 보인다. 님비(Not in my back yard)현상과 비슷하다.

마타도어
Matador

근거없는 사실을 조작하여 상대편을 모략하거나 내부를 교란하기 위한 의미로 정치권에서 널리 사용하는 말이다. 소의 정수리를 찔러 죽인 투우사를 뜻하는 스페인어에서 유래되었다. 이는 정치권에서 당락을 결정하는 큰 파급력을 가지므로 유권자들의 판단력이 잘 갖춰져야 한다..

열돔 현상
Heat Dome

지상에서 5 ~ 7km가량의 높이에서 발달한 고기압이 특정 지역에서 정체되면서 덥고 건조한 공기를 반구형 지붕인 돔의 형태로 가둬놓는 현상이다. 열돔현상은 미국과 아시아와 같이 중위도에 위치한 나라에 자주 발생하고 있다. 제트기류가 북쪽으로 이동하면서 뜨거운 공기가 위로 팽창하며 이로 인해 강한 고기압이 형성되고 라니냐의 영향으로 돔의 형태가 만들어진다. 고기압으로 인해서 뜨거운 공기가 방출되지 못하고 돔 아래로 공기가 가라앉게 된다. 열돔은 제트기류를 밀어올리고 북쪽의 차가운 공기가 내려오지 못하게 하고 뜨거운 공기를 가둬두기 때문에 폭염이 지속되도록 만든다.

램프증후군
Lamp Syndrome

실제로 일어날 가능성이 없는 일에 대해 마치 알라딘의 요술 램프의 요정 지니를 불러내듯 수시로 꺼내 보면서 걱정하는 현상으로, 뚜렷한 주제 없이 잔걱정이 가득한 경우에 해당하는 정신장애를 범불안장애라고 한다. 램프 증후군에서의 걱정은 대부분 실제적으로는 일어나지 않거나, 일어난다고 해도 해결하기 어려운 것들이다. 그럼에도 불구하고 많은 사람들은 자신이 어떻게 할 수 없는 일에 대하여 끊임없이 염려하는 양상을 보인다.

부록

01 | 시도별 현황 · 이슈

CHAPTER

\# 상징 \# 인구 및 행정구역 \# 주요 사업

01 서울특별시(서울特別市)

01 상징

구분	내용	
브랜드 슬로건	SEOUL, MY SOUL	
마스코트	'해치'는 서울이 갖는 역사적 전통성과 문화적 고유 이미지를 표현하면서 서울 시민에게 꿈과 희망을 주는 문화적 감성으로 개발된 서울의 대표 상징 마크이다. 선악을 판단하는 정의로운 의미 이외에 화재나 재앙을 물리치는 신수로서의 의미도 지니고 있는데 이는 단지 화마뿐 아니라 온갖 나쁜 기운을 막아줌과 동시에 행운과 기쁨을 가져다주는 존재로 서울을 지켜주는 수호자로서의 의미도 함축한다.	
자연 상징물	은행나무	거목으로 성장하는 은행나무의 특성은 수도 서울의 무한한 발전을 보여준다.
	개나리	서울의 기후와 풍토에 가장 적합한 꽃으로, 이른 봄 일제히 꽃이 피며 서울 시민의 협동 정신을 표현한다.
	까치	상서로운 소식을 미리 알려준다는 길조이며 전래설화에서 사랑의 다리를 놓아주었다는 아름다운 전설 등에 따라, 1971년 4월 3일 서울의 상징새로 선정되었다.
시민의 날	매년 10월 28일로 서울 정도(定道) 600년을 기념하여 1994년에 제정하였다.	

02 인구 및 행정구역

구분	내용
인구	938만 6,705명(2024.02. 기준)
면적	605.21km^2
행정구역	• 강남구(江南區) • 강동구(江東區) • 강북구(江北區) • 강서구(江西區) • 관악구(冠岳區) • 광진구(廣津區) • 구로구(九老區) • 금천구(衿川區) • 노원구(蘆原區) • 도봉구(道峰區) • 동대문구(東大門區) • 동작구(銅雀區) • 마포구(麻浦區) • 서대문구(西大門區) • 서초구(瑞草區) • 성동구(城東區) • 성북구(城北區) • 송파구(松坡區) • 양천구(陽川區) • 영등포구(永登浦區) • 용산구(龍山區) • 은평구(恩平區) • 종로구(鐘路區) • 중구(中區) • 중랑구(中浪區)

03 주요 사업

① 비전 : 동행 · 매력 특별시 서울

② 2024년 주요업무 추진 계획

구분	내용
약자와의 동행을 통한 상생도시	• 촘촘한 서울형 맞춤 복지제도 시행 • 맞춤형 주택공급 확대를 통한 주거공동체 서울 • 모든 아동과 가족의 더 나은 미래가 있는 서울 • 전 생애에 걸친 균등하고 질 높은 교육서비스 제공 • 시민 교통복지 서비스 및 대중교통 편의성 확대 • 소상공인 · 취약노동자 및 청년 · 1인가구 맞춤형 지원 • 약자를 보듬고 응원하는 '동행특별시'서울
활력있고 매력적인 글로벌 선도도시	• 서울 미래성장동력 고도화 및 경제활력 회복 지원 • 한강의 활력을 통한 세계적 수변문화도시 조성 • 매력있고 활력 넘치는 고품격 관광스포츠 도시 • 지역별 특화 및 균형발전 기반 강화 • 新 교통수단 도입 확대 및 광역 교통인프라 확충 • 서울의 도시브랜드 확산을 통한 글로벌 경쟁력 제고
쾌적하고 안전한 안심도시	• 폭력 등 각종 범죄로부터 안전한 서울 • 철저한 사고 · 재해 예방 및 관리로 안심도시 구현 • 시민 누구나 차별없이 누리는 건강 생태계 조성 • 수해로부터 안전한 물순환 선도도시 조성 • 기후위기 대응 강화, 맑고 깨끗한 도시환경 조성
품격있고 지속가능한 미래감성도시	• 감성이 넘치는 시민생활공간 조성 • 시민과 함께하는 감성문화도시 • 매력과 여유가 넘치는 정원도시 서울 • 일상을 재미와 활력으로 채우는 펀 시티(Fun City) 서울 • 도시경관 · 건축디자인 혁신으로 서울의 품격 제고

02 부산광역시(釜山廣域市)

01 상징

구분	내용	
브랜드 슬로건	Busan is good	
마스코트	'부비'는 떠오르는 밝고 희망찬 해와 출렁이는 바닷 물결을 형상화한 것으로, 활발하고 힘차게 역동하는 부산을 상징하며 21세기 세계 일류 도시를 꿈꾸는 부산의 비전과 진취적인 시민의 정서를 나타낸다.	
자연 상징물	동백꽃과 동백나무	진녹색의 잎과 진홍색의 꽃의 조화는 푸른 바다와, 사랑이 많은 시민의 정신을 그려내고, 싱싱하고 빛이 나는 진녹색 활엽은 시민의 젊음과 의욕을 나타낸다.
	갈매기	새하얀 날개와 몸은 백의민족을 상징한다. 끈기 있게 먼 뱃길을 따라 하늘을 나는 갈매기의 강인함은 부산 시민의 정신을 잘 나타낸다.
	고등어	태평양을 누비는 강한 힘으로 목표를 향해 끊임없이 도약하는 해양수산 도시 부산을 상징한다.
시민의 날	10월 5일로 충무공 이순신의 부산포해전 승리일을 기념한다.	

02 인구 및 행정구역

구분	내용
인구	328만 9,401명(2024.02. 기준)
행정구역	• 강서구(江西區) • 금정구(金井區) • 남구(南區) • 동구(東區) • 동래구(東萊區) • 부산진구(釜山鎭區) • 북구(北區) • 사상구(沙上區) • 사하구(沙下區) • 서구(西區) • 수영구(水營區) • 연제구(蓮堤區) • 영도구(影島區) • 중구(中區) • 해운대구(海雲臺區) • 기장군(機張郡)

03 주요 사업

구분	내용
시정비전	대한민국 중추도시, 부산 글로벌 허브도시 실현
핵심목표	시민행복도시+글로벌 허브도시
도시목표	• 모두가 살고싶은 시민행복도시 • 글로벌 물류·거점 도시 • 글로벌 금융·창업 도시 • 글로벌 디지털·신산업 도시 • 글로벌 문화·관광 도시

03 대구광역시(大邱廣域市)

01 상징

구분	내용	
브랜드 슬로건	Colorful DAEGU	
마스코트	'패션이'는 한국의 전통적인 비천상(飛天像)을 세계적인 섬유 패션 도시로 발전하고자 하는 대구시의 이미지로 형상화하였다.	
자연 상징물	전나무	시민의 강직성과 영원성, 그리고 곧게 뻗어가는 기상을 나타낸다.
	목련	순박하고 순결한 희생정신의 시민 기질을 상징한다.
	독수리	활달하고 진취적인 기상과 개척자적 시민 정신을 나타낸다.
시민의 날	2020년부터 2월 21일로 국채보상운동을 기념하여 지정하였다.	

02 인구 및 행정구역

구분	내용
인구	237만 2,008명(2024.02. 기준)
행정구역	• 남구(南區)　• 달서구(達西區)　• 동구(東區)　• 북구(北區) • 서구(西區)　• 수성구(壽城區)　• 중구(中區)　• 달성군(達城郡) • 군위군(軍威郡)

03 주요 사업

구분	내용
시정슬로건	자유와 활력이 넘치는 파워풀 대구
시정목표	• 미래번영 대구　• 혁신·행복 대구　• 글로벌 대구
정책 목표	• 대구경북신공항 건설 '본격추진' • 초거대 新경제권 형성으로 '경제부흥' 실현 • 5대 미래신산업 중심의 '산업개혁' 가속화 • 맑은 물 하이웨이 '국가주도' 추진 • 대구 50년을 위한 '미래공간' 설계 • '중단없는' 시정혁신! 민생혁신! • 3대 도시에 걸맞은 '시민행복' 행정 추진

04 인천광역시(仁川廣域市)

01 상징

구분	내용
브랜드 슬로건	all_ways_Incheon
마스코트	등대와 점박이물범을 소재로 디자인되었으며, 등대는 대한민국 최초의 불빛 팔미도 등대를 모티브로 첨단 산업도시 인천의 과거와 미래의 연결을 의미한다. 점박이 물범은 천연기념물이자 멸종위기 동물인 백령도의 점박이물범을 모티브로 자연 친화적인 의미를 담고 있다.

구분		내용
자연 상징물	목백합	성장이 빠르고 기품이 있으며, 북미지역으로서 인천 지역이 한미 수교 조약 체결의 현장임을 의미하기도 한다.
	장미	시 전역에 고루 분포되어있는 장미는 오랫동안 시민들로부터 사랑받았으며 능동적이고 정열적인 시민을 의미한다.
	두루미	두루미의 도래지면서 학을 상징하는 지명이 많다.
시민의 날		인천이라는 지명을 사용하기 시작한 10월 15일로 지정하였다.

02 인구 및 행정구역

구분	내용
인구	300만 3,150명(2024.02. 기준)
행정구역	• 계양구(桂陽區)　• 미추홀구(彌鄒忽區)　• 남동구(南東區)　• 동구(東區) • 부평구(富平區)　• 서구(西區)　• 연수구(延壽區)　• 중구(中區) • 강화군(江華郡)　• 옹진군(甕津郡)

03 주요 사업

구분	내용
시정비전	인천의 꿈 대한민국의 미래
3대 시정가치	• 균형　소통　창조
4대 시정방침	• 모두가 잘사는 균형도시　　• 꿈이 실현되는 세계도시 • 진심과 배려의 소통도시　　• 미래가치 창조의 혁신도시

05 광주광역시(光州廣域市)

01 상징

구분		내용
슬로건		내☆일이 빛나는 기회도시 광주
마스코트		빛고을 광주의 상징인 예향, 의향, 미향을 형상화하여 광주와 광주인을 새롭게 표현하였으며, 영원한 생명력을 상징하는 태양의 빛을 기본 소재로 하여 21세기 온누리를 밝혀 나갈 광주의 의지를 담고있다.
자연 상징물	은행나무	곧고 수명이 길어 거목으로 성장하는 은행나무는 광주의 기개와 무궁한 발전을 상징한다.
	철쭉	무등산에서 자생하는 꽃으로 은은하고 따스한 광주 시민의 후한 인심과 다정다감함을 상징한다.
	비둘기	평화를 상징하는 길조로 화합과 안정을 추구하는 광주 시민의 정서를 상징한다.
시민의 날		민주화 운동 당시 시민들의 힘으로 계엄군을 철수시키고 자율과 자치를 되찾은 날을 기념하며 5월 21일로 지정하였다.

02 인구 및 행정구역

구분	내용
인구	141만 7,031명(2024.02. 기준)
행정구역	• 광산구(光山區)　• 남구(南區)　• 동구(東區)　• 북구(北區)　• 서구(西區)

03 정책방향

구분	내용
더 살기 좋은 광주	• 촘촘한 돌봄과 필수의료 강화로 모두가 행복한 돌봄도시 • 〈아이키움 All IN 광주 7,400+〉 엄마·아빠가 편한 도시 • '교육-일자리-정주'체계 구축으로 청년이 머무는 도시 • 빠르고 안전하고 편리한 교통체계 구축 • 도시의 회복, 걷고 싶은 길 조성
더 즐기기 좋은 광주	• 도시이용인구 3천만 시대를 여는 광주 복합쇼핑몰 • 영산강 100리길, Y-프로젝트 본격 추진 • 광주의 시그니처(SIGNATURE) 축제 만들기 • 365일 The 활력 넘치는 스포츠 관광 도시
더 기업하기 좋은 광주	• AI와 미래모빌리티 양날개를 중심으로 미래산업 전환 가속화 • 중소상공인 경쟁력 강화 및 건설경기 활성화 지원 • 「Made in 광주, 창업」 전략으로 창업성공도시 도약 • 앵커기업 5개사, 혁신기업 200개사 유치 지속 추진

06 대전광역시(大田廣域市)

01 상징

구분	내용		
브랜드 슬로건	Daejeon is U		
마스코트	'한꿈이', '꿈돌이'는 과학과 미래를 상징하며 헤드폰과 액세서리는 네트워크 시대와 그 중심에 서있는 대전 시민을 의미한다. 또, 과학기술과 산업의 발전을 통한 인류 평화, 공존공영의 미래상을 제시하며 꿈과 희망을 준다.		
자연 상징물	소나무	항상 푸른 잎을 지니며 강인한 인상을 주는 줄기가 대나무와 함께 송죽지절(松竹之節 : 변하지 않는 절개)을 상징하며 송교지수(松喬之壽 : 인품이 뛰어나고 오래 사는 사람)를 뜻하기도 한다.	
	백목련	순박함과 동양적인 인상을 풍겨 사람들의 사랑을 받게 되면서 누구나 좋아하는 꽃이 되었다.	
	까치	'아침에 까치가 와서 울면 반가운 손님이 온다.'는 이야기가 전해지는 길조로 우리나라 사람들이 좋아하는 새다	

02 인구 및 행정구역

구분	내용				
인구	144만 1,536명(2024.02. 기준)				
행정구역	• 대덕구(大德區)	• 동구(東區)	• 서구(西區)	• 유성구(儒城區)	• 중구(中區)

03 주요 사업

구분	내용
시정비전	일류 경제도시 대전
방향	• 미래전략 선도 • 도시경쟁력 제고 • 시민우선 시정
핵심전략	• 과학기술 기반 산업·경제 진흥 • 대한민국 문화·예술·체육 허브 • 녹색환경과 교통 융합 행복도시 • 365일 24시 돌봄과 인재육성 • 안전하고 건강한 보건 웰빙도시

07 울산광역시(蔚山廣域市)

01 상징

구분		내용
브랜드 슬로건		THE RISING CITY
마스코트		'해울이'는 태양과 바다를 의미하며 동해의 푸르고 힘찬 기상으로 무한한 꿈을 펼쳐간다는 의미이다.
자연 상징물	대나무	태화강을 따라 펼쳐진 십리대숲은 모든 시민들의 자랑이자 생태산업도시로 거듭난 울산의 상징물이다.
	장미	전국 최대 규모의 울산대공원 장미축제와 곳곳에 심어진 장미 120만 본을 통해 장미의 아름다움을 만끽할 수 있다.
	백로	우리나라 최대의 백로 서식지이자 국내 유일 도시 내 번식처로써 가치가 크다.
시민의 날		10월 1일로 지정하였다.

02 인구 및 행정구역

구분	내용
인구	110만 2,161명(2024.02. 기준)
행정구역	• 남구(南區) • 동구(東區) • 북구(北區) • 중구(中區) • 울주군(蔚州郡)

03 주요 사업

구분	내용
시정 비전	새로 만드는 위대한 울산
목표	더 큰 울산에는 울산 사람들이 있다.
시정운영방향	• 투자하기 좋은 기업도시 • 문화와 자연이 어우러진 매력도시 • 누구나 살고 싶은 미래도시 • 시민의 일상이 편안한 행복도시 • 지방시대의 진정한 자치도시

08 강원특별자치도(江原特別自治道)

01 상징

구분		내용
슬로건		새로운 강원! 특별 자치시대!
마스코트		굳은 의지와 자신감이 충만하고 강인한 정신력과 기세를 뜻하는 '강원이'와 청정 자연의 기를 받고 자라 따듯한 마음씨를 뜻하는 '특별이'가 있다
자연 상징물	잣나무	도내에 자생하는 나무 중 으뜸이며 한랭한 지방에서 잘 자라고 늘 푸른 나무이다.
	철쭉	해마다 5월이면 강원도의 산지를 연분홍색으로 물들여 대자연의 아름다움을 더해준다.
	두루미	십장생의 하나로 품위의 상징이며, 철원지역에 주로 서식하며 남북 강원도를 자유로이 왕래하는 평화의 상징으로 신성함과 고고함이 도의 청정이미지, 도민의 깨끗한 심성과 일치한다.
	반달곰	광택있는 검은 털과 앞가슴에 반달형 흰무늬가 있는 것이 특징이다.
도민의 날		서기 1395년 음력 6월 13일 교주도와 강릉도를 합쳐 강원도라 했으며, 1995년에 이날을 양력으로 환산한 7월 8일을 강원도민의 날로 지정하였다.

02 인구 및 행정구역

구분	내용
인구	152만 4,624명(2024.02. 기준)
행정구역	• 강릉시(江陵市)　• 동해시(東海市)　• 삼척시(三陟市)　• 속초시(束草市)　• 원주시(原州市) • 춘천시(春川市)　• 태백시(太白市)　• 고성군(高城郡)　• 양구군(陽口郡)　• 정선군(旌善郡) • 철원군(鐵原郡)　• 평창군(平昌郡)　• 홍천군(洪川郡)　• 화천군(華川郡)　• 횡성군(橫城郡) • 양양군(襄陽郡)　• 영월군(寧越郡)　• 인제군(麟蹄郡)

03 주요 사업

구분	내용
도정 비전	새로운 강원! 특별자치시대!
3대 목표	• 인구 200만 • 지역내 총 생산 100조 원 • 사통팔달 수도권 강원시대
추진전략	• 성공적 강원특별자치도를 위한 미래 비전 마련 • 지속발전 가능을 위한 먹거리 산업 육성 • 살고 싶고, 머물고 싶은 특별한 강원 건설 • 사통팔달 교통·물류의 중심지 도역 • 농·산·어촌 및 폐광·접경지역의 가치 재창출

09 경기도(京畿道)

01 상징

구분		내용
슬로건		변화의 중심 기회의 경기
자연 상징물	은행나무	웅대한 모습은 큰 번영을 뜻하며 양질의 목질과 과실을 맺고 신록과 단풍이 아름답다.
	개나리	도내에서 대량으로 자생하며 번식이 용이하여 큰 번영을 의미하고 친근, 명랑, 고귀한 빛을 나타낸다.
	비둘기	인류의 영원한 평화를 상징하며 도민 평화와 평화통일의 염원을 담고 있다.
도민의 날		10월 18일로 지정하였다.

02 인구 및 행정구역

구분	내용
인구	1363만9,616명(2024.02. 기준)
행정구역	• 수원시(水原市) • 용인시(龍仁市) • 성남시(城南市) • 부천시(富川市) • 화성시(華城市) • 안산시(安山市) • 안양시(安養市) • 평택시(平澤市) • 시흥시(始興市) • 김포시(金浦市) • 광주시(廣州市) • 광명시(光明市) • 군포시(軍浦市) • 하남시(河南市) • 오산시(烏山市) • 이천시(利川市) • 안성시(安城市) • 의왕시(義王市) • 양평군(楊平郡) • 여주시(坡州市) • 과천시(果川市) • 고양시(高陽市) • 남양주시(南楊州市) • 파주시(坡州市) • 의정부시(議政府市) • 양주시(楊州市) • 구리시(九里市) • 포천시(抱川市) • 동두천시(東豆川市) • 가평군(加平郡) • 연천군(漣川郡)

03 주요 사업

구분		내용
도정 목표		변화의 중심, 기회의 경기
운영방향	더 많은 기회	• 새로운 미래 성장동력 확충 • 투자유치로 풍부한 일자리 창출 • 대한민국의 미래를 바꾸는 경기북부특별자치도
	더 고른 기회	• 360° 돌봄체계 구축 • 청년의 꿈과 도전을 위한 기회패키지 • 민생경제 활력과 고른 복지 실현
	더 나은 기회	• 소통과 협치의 열린도정 구현 • 미래를 위한 선도적 대응 • 일상이 안전하고 편리한 환경 조성 • 지속가능한 사회적 가치 실현

10 경상남도(慶尙南道)

01 상징

구분		내용
브랜드 슬로건		Bravo Gyeongam
마스코트		'경남이'와 '경이'는 수려한 자연환경, 유서 깊은 역사와 찬란한 전통문화를 바탕으로 세계로, 미래로 뻗어 가는 경상남도의 기상을 담고 있다. 경남인의 기상과 불굴의 의지, 맑고 따뜻하며 희망에 가득 찬 모습을 역동적으로 나타낸다.
자연 상징물	느티나무	수명이 길어 무궁한 발전을 의미하며, 주민들이 즐겨 찾는 모임의 장으로서 민주주의의 실천 의지와 지방자치 정신을 상징한다.
	장미	강인한 도민정신에 정열을 더하여 세계를 향해 발돋움하는 경남의 발전과 무한한 가능성을 의미한다.
	백로	강직하고 청결하며, 강한 주체성은 도민의 기질과 유사하며 화합·단결된 경남인의 참모습을 상징한다.
	볼락	볼락의 도약하는 모습은 도민의 진취적인 기상과 세계를 향해 힘차게 뻗어 가는 경남 수산의 무한한 발전 가능성과 꿈을 나타낸다.

02 인구 및 행정구역

구분	내용				
인구	324만 4,232명(2024.02. 기준)				
행정구역	• 창원시(昌原市)	• 진주시(晉州市)	• 통영시(統營市)	• 사천시(泗川市)	• 김해시(金海市)
	• 밀양시(密陽市)	• 거제시(巨濟市)	• 양산시(梁山市)	• 의령군(宜寧郡)	• 함안군(咸安郡)
	• 창녕군(昌寧郡)	• 고성군(固城郡)	• 남해군(南海郡)	• 하동군(河東郡)	• 산청군(山淸郡)
	• 함양군(咸陽郡)	• 거창군(居昌郡)	• 합천군(陜川郡)		

03 주요 사업

구분	내용
목표	활기찬 경남 행복한 도민
중점과제	① **산업은 탄탄하게** • 미래 경남을 이끌 지역 인재 양성 • 방위·원전산업 고도화 • 신성장동력 산업 집중 육성 • 창원 국가산업단지 50주년 기념 구조고도화 • 세계 5대 우주강국 도약을 위한 우주항공산업 중심도시 건설 ② **민생은 든든하게** • 소상공인 지속성장 기반 확충 • 지역상권 및 전통시장 활력 제고 • 일손·신기술 지원 등 농어촌 소득 향상 • 고부가가치 수산 인프라 조성 • 청년 생활안정 및 활동기반 확대 ③ **교통은 편리하게** • 트라이포트 구축 및 연계교통망 확충 • 역동정 성장기반 마련을 위한 초광역 철도망 구축 • 경남 미래를 선도하는 광역도로망 구축 ④ **일상은 안전하게** • 재해·재난 및 범죄예방 안전망 강화 • 사각지대 없는 촘촘한 복지서비스 제공 • 지역간 격차 감소 등 도민 의료서비스 개선 • 해양·수질·대기질 등 개선을 통한 쾌적한 환경 조성 ⑤ **지역은 매력있게** • 도민과 함께 즐기는 문화·체육 행사 추진 • 침체된 관광지 재도약 기반 마련 • 문화콘텐츠산업 생태계 조성 • 역사자원 정비를 통한 경남 정체성 확립 • 글로벌 관광 중심지 도약을 위한 남해안 관광개발

11 경상북도(慶尙北道)

01 상징

구분	내용		
브랜드 슬로건	경북의 힘으로 새로운 대한민국		
마스코트	'신나리'는 신나다와 나리(지체 높은 사람을 높여 부르던 말)의 합성어로 새로운 천년 희망찬 경북의 신나고 힘찬 미래를 함께 열어가자는 뜻을 담고 있다.		
자연 상징물	느티나무	도내 전 지역에 분포한 장수목으로 척박한 토양에서도 잘 자라며, 강한 번식력은 도민의 번영과 적응력을 상징한다.	
	백일홍	도내에 고루 자생하고 있으며, 고상하고 우아함은 강건하고 생활력이 강한 경북도민의 의지력과 서민적 기품을 나타낸다.	
	왜가리	풍요를 상징하는 길조로 몸집이 크고 모양이 품위가 있으며 평화적이어서 '웅도 경북'을 상징한다.	
도민의 날	10월 23일로 매초성 전투를 기념하며 지정하였다.		

02 인구 및 행정구역

구분	내용				
인구	254만 8,440명(2024.02. 기준)				
행정구역	• 경산시(慶山市) • 상주시(尙州市) • 고령군(高靈郡) • 청송군(靑松郡) • 청도군(淸道郡)	• 경주시(慶州市) • 안동시(安東市) • 봉화군(奉化郡) • 예천군(醴泉郡) • 칠곡군(漆谷郡)	• 구미시(龜尾市) • 영주시(榮州市) • 성주군(星州郡) • 울릉군(鬱陵郡)	• 김천시(金泉市) • 영천시(永川市) • 영양군(英陽郡) • 울진군(蔚珍郡)	• 문경시(聞慶市) • 포항시(浦項市) • 영덕군(盈德郡) • 의성군(義城郡)

03 주요 사업

구분	내용
도정 철학	인재, 창의, 민생
도정 목표	• 기업이 키워가는 성공경제 • 보통이 성공하는 행복사회 • 세계와 함께하는 문화관광 • 언제든 힘이되는책임복지
업무계획	• 도민의 일상이 안전한 경북 • 따뜻하고 역동적인 민생경제 • 도전과 혁신의 첨단산업 생태계 조성 • 가치를 더하고 일자리를 만드는 문화관광 • 농·수산업을 미래첨단산업으로 전환 • 함께 즐기며 살 수 있는 지속가능한 환경 • 촘촘한 복지, 세대를 아우르는 행복 사회 • 새로운 성장축 마련과 균형발전을 위한 미래 설계 • 물류도시가 공존하는 공항경제권 • 지방에서 배우고 일하며 세계인과 함께하는 글로컬시대 개막

12 전라남도(全羅南道)

01 ▶ 상징

구분	내용	
브랜드 슬로건	생명의 땅, 으뜸 전남	
마스코트	'남도'와 '남이'는 아름다운 만남과 화합을 뜻하며, 한복을 입고 두 팔 벌려 누군가를 반기는 모습은 전라남도의 빼어난 문화와 전통을 이어가고, 도민과 소통하려는 열린 마음을 표현한다.	
자연 상징물	은행나무	정자목으로 많이 쓰이는 은행나무는 전통을 상징한다.
	동백꽃	국내에서 전남지역에 가장 많은 수림대를 형성하고 있다.
	산비둘기	평화의 상징이며, 농사에 나쁜 벌레를 잡아주는 익조이다.
	참돔	힘찬 기상과 맑고 깨끗한 이미지를 상징한다.
도민의 날	10월 25일로 지정하였다.	

02 ▶ 인구 및 행정구역

구분	내용
인구	180만 352명(2024.02. 기준)
행정구역	• 광양시(光陽市) • 나주시(羅州市) • 목포시(木浦市) • 순천시(順天市) • 여수시(麗水市) • 강진군(康津郡) • 고흥군(高興郡) • 곡성군(谷城郡) • 구례군(求禮郡) • 담양군(潭陽郡) • 무안군(務安郡) • 보성군(寶城郡) • 신안군(新安郡) • 영광군(靈光郡) • 영암군(靈巖郡) • 완도군(莞島郡) • 장성군(長城郡) • 장흥군(長興郡) • 진도군(珍島郡) • 함평군(咸平郡) • 해남군(海南郡) • 화순군(和順郡)

03 주요사업

구분	내용
도정 목표	세계로 웅비하는 대도약! 전남 행복시대
운영목표	• 세계가 주목하는 전남 • 빛나는 지방시대 1번지 • 사람이 모여드는 전남 행복시대
운영전략	• 지방소멸 위기 극복의 원년 • 최첨단 전략산업의 허브로 도약 • 글로벌 청정에너지 대전환 선도 • 세계 속의 남해안 관광·문화벨트 구축 • 농수축산업의 AI 첨단산업화에 주력 • 지역발전의 새로운 기폭제, 대규모 SOC확정 • 국토균형발전의 핵심축으로 비상 • 한층 더 따뜻한 전남 행복시대 구축 • 도민 안심, 촘촘한 재난예방 체계 구축

13 전북특별자치도(全北特別自治道)

01 ▶ 상징

구분		내용
브랜드 슬로건		새로운 전북 특별한 기회
자연 상징물	은행나무	수형이 아름답고 병충해에 강해 오래 사는 은행나무는 전북의 아름다운 산하 및 도민들의 은근한 끈기를 상징한다.
	백일홍	끊임없이 꽃이 피어나고 가뭄에도 꿋꿋이 견디어 내는 모습이 참을성 많고 끈기 있는 전북도민들의 기상을 상징한다.
	까치	예로부터 반가운 사람이나 소식이 올 것을 알려주는 새로 여겨져 도에 기쁜 일이 많이 생기기를 바라는 의미가 담겨있다.
도민의 날		10월 25일로 지정하였다.

02 ▶ 인구 및 행정구역

구분	내용				
인구	175만 1,318명(2024.02. 기준)				
행정구역	• 군산시(群山市)	• 김제시(金堤市)	• 남원시(南原市)	• 익산시(益山市)	• 전주시(全州市)
	• 정읍시(井邑市)	• 고창군(高敞郡)	• 무주군(茂朱郡)	• 부안군(扶安郡)	• 순창군(淳昌郡)
	• 완주군(完州郡)	• 임실군(任實郡)	• 장수군(長水郡)	• 진안군(鎭安郡)	

03 주요 사업

구분	내용
도정 비전	함께 혁신, 함께 성공, 새로운 전북
도정 역점시책	• 특별한 100년을 향한 전북특별자치도 개막 • 새만금 글로벌 명품도시 실현 및 균형발전 SOC구축 • 미래 성장기업 유치, 친기업 환경 조성으로 민생경제 활성화 • 함께 누리는 행복복지 • 미래 신산업 생태계 대전환으로 글로벌 생명경제 실현 • 지속 발전 가능한 에코힐링 1번지 조성 • 미래성장 산업화를 선도하는 농생명산업 수도 도약 • 365일 선제적 재난·안전 관리 • 문화·체육·관광 산업 연계 강화 지역성장 견인 • 교육·소통·협력으로 함께, 혁신 동력 강화

14 제주특별자치도(濟州特別自治道)

01 상징

구분	내용
브랜드 슬로건	Only Jeju Island
마스코트	'돌이'와 '소중이'는 세계문화유산 화산용암의 상징적 모티브 현무암과 해녀옷을 입고 개성과 생명력, 지자체의 특성을 함께 가지고 있다.

구분		내용
자연 상징물	녹나무	척박한 환경 속에서도 잘 자라는 나무로 제주도민의 근면, 소박, 인내심을 상징하며 향기가 사귀를 몰아낸다는 전설은 부정과 불의와 불법에 타협하지 않고 의지와 실천을 앞세워 살아온 제주도민의 정신을 의미한다.
	참꽃	척박한 땅과 바위틈에서도 잘 자라며 붉은 꽃을 피우고 제주도민의 의욕과 의지를 나타낸다. 잎은 제주의 자랑인 삼다·삼무·삼보·삼려를 뜻하며, 세 잎과 다섯 꽃잎의 규칙적인 족생(簇生)은 제주도민들의 단결과 질서, 평화로운 발전을 향한 전진적 기풍을 상징한다.
	제주큰오색 딱따구리	산림해충을 구제하는데 유익한 새이며, 활엽수의 노거수 교목림에 많고 제주도에 분포하는 종으로 소형이다.

02 인구 및 행정구역

구분	내용	
인구	67만 2,775명(2024.04. 기준)	
행정구역	• 서귀포시(西歸浦市)	• 제주시(濟州市)

🔲03 주요 사업

구분	내용
정책비전	위대한 도민시대, 사람과 자연이 행복한 제주
정책목표	담대한 혁신+새로운 성장+더나은 미래
정책 방향	• 미래전략 설계 • 대내외 교류협력 확대 • 도민 중심 무한 소통 • 빛나는 제주가치 확장 • 행복하고 안전한 사회 • 창의적 산업구조 개선, 행정 혁신 • 지속가능한 도시기반 구축 • 경제 대전완, 기후위기 대응
도정과제	• 제주형 행정체제 도입 • 제주형 생태계서비스 지불제 도입 • 15분 도시 제주 조성 • 제주형 생애주기별 통합 돌봄체계 구축 • 제주 농산물 수급 관리 연합회 설립 • 상장기업 20개 육성·유지 • 제주형 청년보장제 도입 • 제주평화인권헌장 제정 추진 • 그린수소 글로벌 허브 기반 조성

15 충청남도(忠淸南道)

01 상징

구분		내용
도정 비전		힘쎈 충남 대한민국의 힘
마스코트		'충청이'와 '충남이'는 백제 금동대향로와 금제관식을 활용하였다.
자연 상징물	소나무	우리 민족의 유구한 역사와 함께 해온 나무로 사시사철 푸름은 충절과 지조의 충남정신과 올곧은 마음을 가진 충남인을 닮았다.
	국화	그윽한 향내음과 꾸밈새 없는 소박한 모습으로 강인한 생명력은 지조와 고고한 성품을 자랑으로 여기는 충남인의 표상을 의미한다.
	참매	백제인이 사랑한 새로, 용맹스럽고 포기할 줄 모르는 끈질긴 성격은 수많은 애국열사와 위인들을 배출한 충절의 고장인 충남인의 기개를 상징한다.

02 인구 및 행정구역

구분	내용
인구	213만 1,309명(2024.02. 기준)
행정구역	• 계룡시(鷄龍市)　• 공주시(公州市)　• 논산시(論山市)　• 당진시(唐津市)　• 보령시(保寧市) • 서산시(瑞山市)　• 아산시(牙山市)　• 천안시(天安市)　• 금산군(錦山郡)　• 부여군(扶餘郡) • 서천군(舒川郡)　• 예산군(禮山郡)　• 청양군(靑陽郡)　• 태안군(泰安郡)　• 홍성군(洪城郡)

03 주요 사업

구분	내용
미래 비전	삶의 질이 높은 더 행복한 충남
목표	경제중심 충남, 환경중심 충남, 사람중심 충남, 복지중심 충남, 문화중심 충남
추진전략	• 포용적 경제일자리 및 농업경쟁력 강화 • 지속가능한 청정환경 및 자원관리 • 삶의 질이 높은 정주환경 인프라 조성 • 더불아 누리는 지역발전기반 강화 • 품격있는 문화·관광지역 조성

16 충청북도(忠淸北道)

01 상징

구분		내용
브랜드 슬로건		충북, 대한민국 중심에 서다.
마스코트		'고드미'와 '바르미'는 21C 주역이 될 어린이를 항상 웃음을 잃지 않는 친근한 모습으로 형상화하여 충북과 충북인을 새롭게 표현했다. 충북 전래의 선비 정신과 기상을 바탕으로 올곧고, 바르게 개척해 나가자는 의미도 담고 있다.
자연 상징물	느티나무	가식 없는 성격과 온화하고 순박한 충북인의 기질을 상징한다.
	백목련	자조, 자립, 협동의 상징으로 미래 지향의 의지를 품은 새 도민상을 의미한다.
	까치	근면하고 친근감을 갖게 하며 인정을 느끼게 하는 도민의 기질을 상징한다.

02 인구 및 행정구역

구분	내용
인구	159만 947명(2024.02. 기준)
행정구역	• 제천시(堤川市) • 청주시(淸州市) • 충주시(忠州市) • 괴산군(槐山郡) • 단양군(丹陽郡) • 보은군(報恩郡) • 영동군(永同郡) • 옥천군(沃川郡) • 음성군(陰城郡) • 증평군(曾坪郡) • 진천군(鎭川郡)

03 **주요 사업**

구분		내용
도정목표		충북을 새롭게, 도민을 신나게
운영방향		• 중부내륙시대 개막 • 변화와 혁신 • 소통과 공감
추진계획	대한민국의 중심	• 중부내륙시대 충북 권리장전 • 중부내륙지역발전, 대한민국의 중심 • 충북관광객 5천만명 시대 • 미래 100년 먹거리, 첨단산업 육성
	대한민국 발전 견인	• 혁신의 롤모델, 충북 • 아이낳고 기르기 좋은 충북 • 가치의 재발견, 문화인프라 확충 • AI과학영농으로 스마트한 농촌
	민생경제·복지 실현	• 도민과 소통하여 정책에 반영 • 도민이 체감하는 안전 충북 실현 • 맑은 물, 깨끗한 공기로 환경복지 • 민생경제 활성화, 따뜻한 복지

17 세종특별자치시(世宗特別自治市)

01 상징

구분	내용	
브랜드 슬로건	세종이 미래다	
마스코트	'젊은 세종 충녕'으로 젊은 도시 및 성장하는 도시의 의미를 담고 있다. 세종대왕의 이름과 정신을 이어받은 세종자치시를 상징한다.	
자연 상징물	소나무	자태가 웅장하면서 수려하여 예로부터 우리 민족의 굳은 기상을 나타내며 세계적인 명품 행복도시로 발전하는 세종특별자치시의 바르고 푸른 기상을 상징한다.
	복숭아꽃	희망찬 행운의 기운을 불어 넣어주며 지역의 상생 발전과 세종특별자치시의 도약을 상징한다.
	파랑새	시민의 행복을 추구하며 이상적인 미래도시로의 발전을 추진하는 세종특별자치시의 굳은 염원과 맥락을 상징한다.
시민의 날	7월 1일로 지정하였다.	

02 인구

구분	내용
인구	38만 7,726명(2024.04. 기준)
행정구역	• 조치원읍(鳥致院邑) • 연기면(燕岐面) • 연동면(燕東面) • 부강면(芙江面) • 금남면(錦南面) • 장군면(將軍面) • 연서면(燕西面) • 전의면(全義面) • 전동면(全東面) • 소정면(小井面) • 한솔동(한솔洞) • 새롬동(새롬洞) • 도담동(도담洞) • 아름동(아름洞) • 종촌동(宗村洞) • 고운동(고운洞) • 보람동(보람洞) • 대평동(大坪洞) • 소담동(소담洞) • 다정동(多情洞) • 해밀동(해밀洞) • 반곡동(盤谷洞) • 나성동(盤谷洞) • 어진동(盤谷洞)

03 주요 사업

구분	내용
시정 비전	창조와 도전의 미래전략수도 세종
업무혁신	• 사업 재구조화 • 조직혁신 • 공무원 역량강화 • 소통하는 시정
8대 과제	• 행정수도를 뛰어넘는 제2의 수도 세종 • 미래산업을 선도하는 자족경제 도시 • 품격과 매력이 넘치는 정원 속의 문화도시 • 시민에게 편리한 미래 교통혁신 실현 • 아동과 여성이 편안한 명품 안전도시 • 사랑과 건강이 넘치는 따뜻한 의료복지도시 • 배우고 즐기는 세계적 한글문화수도 조성 • 지방시대를 선도하는 균형발전 대표도시

02 | 공무원 헌장

CHAPTER

공무원 헌장 # 실천강령

01 공무원 헌장 및 실천강령

01 공무원 헌장

우리는 자랑스러운 대한민국의 공무원이다.

우리는 헌법이 지향하는 가치를 실현하며 국가에 헌신하고 국민에게 봉사한다.

우리는 국민의 안녕과 행복을 추구하고 조국의 평화 통일과 지속 가능한 발전에 기여한다.

이에 굳은 각오와 다짐으로 다음을 실천한다.

하나. 공익을 우선시하며 투명하고 공정하게 맡은 바 책임을 다한다.

하나. 창의성과 전문성을 바탕으로 업무를 적극적으로 수행한다.

하나. 우리 사회의 다양성을 존중하고 국민과 함께하는 민주 행정을 구현한다.

하나. 청렴을 생활화하고 규범과 건전한 상식에 따라 행동한다.

02 실천강령

공익을 우선시하며 투명하고 공정하게 맡은 바 책임을 다한다.	창의성과 전문성을 바탕으로 업무를 적극적으로 수행한다.
• 부당한 압력을 거부하고 사사로운 이익에 얽매이지 않는다. • 정보를 개방하고 공유하여 업무를 투명하게 처리한다. • 절차를 성실하게 준수하고 공명정대하게 업무에 임한다.	• 창의적 사고와 도전 정신으로 변화와 혁신을 선도한다. • 주인 의식을 가지고 능동적인 자세로 업무에 전념한다. • 끊임없는 자기 계발을 통해 능력과 자질을 높인다.
우리 사회의 다양성을 존중하고 국민과 함께 하는 민주 행정을 구현한다.	청렴을 생활화하고 규범과 건전한 상식에 따라 행동한다.
• 서로 다른 입장과 의견이 있음을 인정하고 배려한다. • 특혜와 차별을 철폐하고 균등한 기회를 보장한다. • 자유로운 참여를 통해 국민과 소통하고 협력한다.	• 직무의 내외를 불문하고 금품이나 향응을 받지 않는다. • 나눔과 봉사를 실천하고 타인의 모범이 되도록 한다. • 공무원으로서의 명예와 품위를 소중히 여기고 지킨다.

02 공무원 헌장 전문 해석 및 본문 해석

01 전문 해석

① 우리는 자랑스러운 대한민국의 공무원이다.

우리는 반만년의 유구한 역사를 간직해 온 대한민국의 공무원이다. 우리나라는 근대화 이후 짧은 기간 동안 괄목할 만한 경제적, 문화적 성장을 이루었다. 오늘날 우리가 이루어낸 성장의 근간에는 맡은 바 소임을 다하기 위해 묵묵히 일한 공무원들이 있다. 이제 우리는 새로운 도전과 위기에 직면해 있다. 대한민국이 처한 어려운 상황을 극복하고 선진국으로서의 국제적 위상을 다져가기 위해서는 공무원의 역할이 더욱 중요해졌다. 공무원 스스로 국가의 안정과 발전, 국민의 행복을 위해 공무원 헌장이 지향하는 가치를 실현하는 데 힘써야 한다.

② 우리는 헌법이 지향하는 가치를 실현하며

헌법(憲法)은 국민적 합의에 의해 제정된 최고의 법규범으로서, 국가가 나아가야 할 기본원리와 국민의 기본권을 보장하는 근본 규범이다. 또한 대한민국 헌법에는 헌법가치의 수호자로서 공무원의 역할을 명시하고 있다. 따라서 공무원은 헌법에서 보장하고 있는 국민주권의 원리, 자유민주주의, 법치주의 등 국가 운영의 기본원리를 지켜나가고, 인간으로서의 존엄과 가치에 대한 국민의 기본권을 보장하기 위해 노력해야 한다.

③ 국가에 헌신하고 국민에게 봉사한다.

공무원의 '국가에 대한 헌신'은 청렴한 생활을 바탕으로 역량을 키워 맡은 바 책임을 다하고 궁극적으로는 공익을 증대하는 것이다. 그리고 공무원의 '국민에 대한 봉사'는 섬기는 자세로 국민의 다양한 의견과 요구를 청취하면서, 이를 실현하기 위해 노력하는 것이다. 이 두 가지 개념은 시대상황이나 환경에 따라 그 배경이 달라져 왔다. 예를 들어, 과거 산업화 시대에는 경제발전, 국토개발 등에 초점이 맞춰져 있었다. 급변하는 현대를 살고 다가오는 미래를 대비해야 하는 오늘날 공무원의 헌신과 봉사는 또 다른 모습이어야 한다. 미래지향적이고 생산적인 가치를 창출하여 세계와 경쟁하는 공무원, 공직의 무거움을 알고 국민을 진정으로 섬기는 공무원이 대표적인 예라고 할 수 있다.

④ 우리는 국민의 안녕과 행복을 추구하고

안녕(安寧)은 아무 탈 없이 편안함을 의미하며, 행복(幸福)은 생활에서 충분한 만족과 기쁨을 느끼는 상태를 의미한다. 국민에 대한 보호의무와 국민의 행복추구권은 대한민국 헌법에서도 보장된 사항으로, 공무원은 강한 국방력과 치안 확보, 선제적 재난대응, 인권의 보장, 포괄적 사회복지 실현 등을 실천하면서 국민의 안녕과 행복을 위해 노력해야 한다.

⑤ 조국의 평화 통일과 지속 가능한 발전에 기여한다.

대한민국 헌법 전문에는 평화적 통일의 방향성이 명시되어 있으며, 본문에는 평화 통일을 위한 대통령의 의무에 대해 규정하고 있다. 대한민국이 추구해야 하는 통일은 단순히 분단 이전의 상태로 복귀하는 것이 아니라 자유·복지·인간존엄성이 구현되는 선진민주국가를 향한 미래지향적이고 창조적인 과정이다. 공무원은 올바른 통일의식을 가지고 각자의 자리에서 통일을 준비하는 실천의지와 역량을 키울 수 있도록 끊임없이 노력해야 한다. 지속 가능한 발전(Sustainable Development)은 미래 세대의 필요를 충족시킬 수 있는 범위 내에서 현재 세대의 필요를 충족시키는 개발을 의미한다. 개발을 할 때 생태계의 수용 능력을 초과하지 않고, 생활수준만이 아닌 삶의 질에도 관심을 기울여 환경과 경제를 통합적 차원에서 다루어야 한다는 개념이다. 최근 국제사회는 지속 가능한 발전의 목표를 환경, 경제뿐만 아니라 전체 사회의 균형 있는 성장으로 설정하였다. 따라서 오늘날의 지속 가능한 발전을 위해서는 환경적·경제적·사회적 차원의 노력이 다각적으로 이루어져야 한다.

02 본문 해석

① 공익을 우선시하며

공익(公益)은 '사회 전체의 이익'을 의미하며, 공무원은 공익을 가장 중요한 가치로 고려해야 하는 점을 공무원 헌장 첫 문장에 명시하고 있는 것이다. 공직자로서 갖추어야 할 공익 추구란 특정 개인이나 집단의 이익이 아닌 공공(公共)의 이익을 위한 의사결정과 행위를 의미한다. 우리나라 헌법에서는 공무원으로서 추구해야할 공익의 방향성을 다음과 같이 제시하고 있다.

> 헌법 제7조 ① 공무원은 국민 전체에 대한 봉사자이며, 국민에 대하여 책임을 진다.
> 모든 공무원들은 국민 전체에 대한 봉사자로서 국민 전체의 이익 실현을 위해 직무에 충실해야 한다. 또한 헌법은 국민 전체의 이익을 실현하기 위해 공무원에게 권한과 책임을 부여한다.

② 투명하고 공정하게

공무원이 제고해야 할 투명성은 국민의 알권리를 존중하고, 국민의 관점에서 정부의 정책결정과 집행과정을 공개하는 한편, 국민들이 제공된 정보를 쉽게 이해하고 예측할 수 있도록 노력하는 것이다. 공정(公正)은 '공평하고 올바름'을 의미하며, 공무원으로서 공정하게 업무를 처리한다는 것은 균형감각을 가지고 모든 국민을 법과 규정에 따라 동일하게 대하는 것을 의미한다. 또한 공무원은 결과는 물론 그 절차의 공정성을 확보하기 위해서도 노력해야 한다. 투명성과 공정성이 서로 밀접한 관련이 있는 이유는 공무원으로서 공정하게 처리한 모든 일들이 투명하게 공개될 때 비로소 국민들이 생각하는 공정한 행정과 투명한 정부가 완성되기 때문이다.

③ 맡은바 책임을 다한다.

책임(責任)은 '맡아서 해야 할 임무나 의무'를 의미한다. 공무원 헌장에 언급된 책임을 다하는 자세는 법률과 규정을 충실히 준수하는 객관적 의미뿐만 아니라 공무원으로서 스스로의 역할을 깨닫고 그 소임을 다하는 것까지 포함된다. 공무원의 업무에 대한 책임감은 국가와 국민에 대한 기본적인 책임이라고 할 수 있다. 그러므로 일선 현장에서 공무원 스스로 책임의 범위를 한정하여 '이것만이 나의 책임'이라는 생각으로 직무를 회피하는 것은 옳지 않다.

> ※ 공익성, 투명성, 공정성, 책임감의 실천
> 공무원 헌장 실천강령에서는 공익성, 투명성, 공정성, 책임감을 실제 공직생활에서 실천하기 위한 구체적인 행동지침을 아래와 같이 세 가지로 나누어 제시하고 있다.
> • 부당한 압력을 거부하고 사사로운 이익에 얽매이지 않는다.
> • 정보를 개방하고 공유하여 업무를 투명하게 처리한다.
> • 절차를 성실하게 준수하고 공명정대하게 업무에 임한다.

다음은 관련 사례들이다.

1. 부당한 압력을 거부하고 사사로운 이익에 얽매이지 않는다.
   부정한 이익을 위해 부당한 지시를 내려서는 안 된다.

   공무원 A는 B가 부모공동명의의 시가 100억 원 상당의 상가를 23억 원에 매매로 취득하였다는 건에 대하여 담당직원인 C가 조사계로 이송해야 한다고 결재를 올리자, D세무사에게 자금흐름 조사를 받지 않도록 해주겠다고 하면서 금품 100만 원을 요구하였다. A는 회의를 한 것처럼 서류를 작성하도록 지시하고, 담당직원에게 서명을 강요하여 증여혐의에 대한 조사를 하지 않도록 조치하였다. 이러한 사실이 적발되어 A는 정직 3개월의 징계처분을 받았다.

2. 정보를 개방하고 공유하여 업무를 투명하게 처리한다.
   정보공유는 업무의 효율성과 효과성을 제고하고, 정보공개는 국민 만족도를 높인다.

   식품의약품안전처는 각 부처 및 기관별로 관리·운영되고 있는 식품안전정보를 연계·통합해 공유·활용하고, 국민에게 신뢰성 있는 정보를 제공하기 위한 '통합식품안전정보망 구축' 사업을 추진하였다. 동 사업은 4단계로 나누어 추진되었다. 첫 번째는 식품안전정보의 연계·통합 및 정보의 공동활용을 위한 식품안전정보 표준 체계 마련, 두 번째는 식약처와 지자체 정보를 전국 단위로 연계·통합 관리하기 위한 행정업무통합 시스템 구축, 세 번째는 각 부처별로 산재되어 있는 159종의 식품안전정보를 통합·연계한 정보공동활용 시스템 구축이다. 마지막으로 국민이 식품안전정보를 쉽게 찾아볼 수 있도록 식품안전 정보 대국민 포털을 구축하였다. 이를 통해 행정업무 효율화 및 식품안전 관련 정책수립의 효과성 제고, 식품안전에 대한 국민 만족도 향상 등의 효과가 있을 것으로 기대하고 있다.

3. 절차를 성실하게 준수하고 공명정대하게 업무에 임한다.
   시험 및 인사업무를 수행함에 있어 공정해야 한다.

   공무원 A는 '공무원 승진 역량평가'의 평가위원으로 참여하면서 과거 부하 직원이었던 B를 승진시키기 위해 B가 개별면접을 보기 전에 본인의 휴대전화 문자메시지로 예상 질문을 B의 휴대전화로 전송해 시험문제를 유출하였고, B의 개별면접 당시 A는 B에게 간단한 질문을 하고 답변이 끝나자 '역량평가 평정표'에 평정요소별 평정을 모두 '탁월'로 체크한 후 총점 기재 시 개별면접 전체 응시자 25명 중 최고점인 '89점'을 부여했다는 비위첩보가 접수되었다. 해당기관의 자체조사결과 관련 내용이 사실로 밝혀짐에 따라 A는 정직 1개월의 징계처분을 받았다.

④ 창의성과 전문성을 바탕으로

창의성(創意性)은 '새로운 것을 생각해 내는 특성'을 의미하며, 독창성, 가치, 실현성을 포함하는 개념이다. 즉, 독창적인 새로운 가치를 창출하면서, 실현 가능할 때 비로소 창의성이 발현되었다고 할 수 있다. 공무원의 창의성이란 어떤 문제에 대해 기존과 다른 아이디어를 생각하고, 이를 실행하기 위해 정책화하는 과정을 의미한다. 전문성(專門性)은 지식과 경험을 바탕으로 자신이 맡은 분야의 일을 잘 수행해 나가는 것을 의미한다. 공무원의 사회적인 책임을 고려했을 때, 공무원에게 요구되는 전문성은 보다 넓은 의미로 해석될 필요가 있다. 즉, 공무원은 직무수행을 위해 필요한 지식과 기술 외에도 문제해결능력, 의사소통능력, 조정·통합 능력, 자원확보능력, 업무추진력, 홍보능력 등 정책성과를 제고할 수 있는 역량을 키우기 위해 노력해야 한다.

⑤ 업무를 적극적으로 수행한다.

적극성(積極性)이란 '의욕적이고 능동적으로 활동하는 성질'을 뜻한다. 즉, 업무를 적극적으로 수행한다는 것은 임무에 대한 열정을 바탕으로, 주도적으로 문제를 해결하는 자세를 의미한다. 공무원의 능동적이고 성실한 업무처리 자세는 흔히 '적극행정'이라는 용어로 표현되기도 한다. 이러한 공무원의 적극적인 업무처리는 보다 신속하게 국민의 불편을 해소하고 불필요한 규제를 정비할 수 있다는 점에서 정부 경쟁력에 긍정적으로 작용한다.

※ 창의성, 전문성, 적극성의 실천

공무원 헌장 실천강령은 창의성, 전문성, 적극성을 실제 공직생활에서 실천하기위한 구체적인 행동지침으로 아래와 같이 세 가지로 나누어 제시하고 있다.
• 창의적 사고와 도전 정신으로 변화와 혁신을 선도한다.
• 주인 의식을 가지고 능동적인 자세로 업무에 전념한다.
• 끊임없는 자기 계발을 통해 능력과 자질을 높인다.

다음은 관련 사례들이다.

1. 창의적 사고와 도전 정신으로 변화와 혁신을 선도한다.
번뜩이는 아이디어는 상당한 성과를 창출하며, 기존의 고정관념들을 바꿀 수 있다.

모 주무관은 공간정보와 행정정보를 융합·활용하여 '탈루·누락세원 발굴 시스템'을 전국 최초로 개발하였으며, 지자체 최초로 모든 세입금을 전산화하여 추가 예산·인력 투입 없이 사각지대에 있던 도로점용료 탈루세원 111억 원을 발굴하였다. 해당 사례는 '2014년 지방세외수입 우수사례 경진대회'에서 대상을 수상하였으며, 전국 지자체에 확산·보급 중에 있다.

2. 주인 의식을 가지고 능동적인 자세로 업무에 전념한다.
업무를 수행함에 있어 주도적·적극적 자세는 국민감동을 불러온다.

외교부 모 사무관은 독도 동영상(12개 언어), 홈페이지 등을 제작하여 독도 영토주권에 대한 국제사회 인식제고 및 공공외교 정책 실현에 기여하였다. 또한, 적극적인 홍보 및 강연 활동을 통해 정부의 독도 정책 및 독도 영토주권에 대한 대국민 이해도를 증진하였으며, 동해 표기에 대한 적극적인 홍보 활동으로 '00년 2.8%에 불과하던 동해 표기율을 30% 이상으로 끌어올렸다.

3. 끊임없는 자기 계발을 통해 능력과 자질을 높인다.
공무원의 역량이 강화될수록 우리정부의 역량도 강화된다.

국립과학수사연구원 모 과장은 법영상분석 프로그램, 코덱 기반 동영상복원 프로그램 등의 연구개발로 범죄예방에 기여하였으며, 기존 외산에 의존하던 관련 프로그램을 국산화하여 예산절감에도 기여하였다. 또한, 유관기관·중소기업·개도국 대상 기술지원에도 많은 노력을 기울였다. 모 과장은 1995년 채용된 이후 독학으로 프로그램언어를 배워 영상 분석 알고리즘을 개발하였으며, 총 42건의 특허를 출원·등록하였다.

⑥ 우리 사회의 다양성을 존중하고

　다양성(多樣性)은 사전적으로 '모양, 빛깔, 형태, 양식 따위가 여러 가지로 많은 특성'을 의미하며, 좁게는 다른 사람의 의견을 받아들이는 태도부터, 넓게는 다른 문화를 받아들이는 자세로 이해할 수 있다. 오늘날 우리사회는 종교, 인종, 지역 등 다양한 배경을 가진 구성원이 함께 살아가고 있으며, 공무원은 이러한 환경에서 발생하는 여러 요구들에 대응해야 한다. 다양성은 정부운영의 관점에서도 여러 배경을 가진 사람들을 위한 정책을 개발한다는 점에서 반드시 고려해야 할 사회적 가치이다.

⑦ 국민과 함께 하는 민주 행정을 구현한다.

　민주(民主)는 '주권이 국민에게 있음'을 뜻하며, '국민이 모든 결정의 중심에 있는 것'이라는 의미를 포함하고 있다. 즉, 민주란 국가를 이끄는 권력이 국민으로부터 나온다는 사실을 의미한다. 한편, 행정이라는 측면에서 민주주의는 문제해결 방식의 하나로서 국민들의 다양한 의견을 종합적으로 수렴하고 이러한 것에 대한 문제해결이 가능하도록 제도적으로 장려하는 것이다. 행정(行政)은 '정치나 사무를 행함'을 의미하며, 공익 증진 및 공공문제 해결과 같은 국가 목적을 실현하기 위한 사람과 물자의 관리 또는 공공정책을 수립하고 집행하는 활동 등 국가 전체의 총체적인 움직임을 의미합니다. 법률적으로는 입법 작용과 사법 작용을 제외한 국가 작용 혹은 국가 활동을 뜻한다. 앞서 언급된 '민주'와 '행정'을 하나의 개념으로 합친 것이 바로 '민주 행정'이라고 할 수 있다. '민주 행정'은 모든 행정행위를 민주적으로 한다는 것으로, '국민 모두의 이익과 의사가 반영되는 방향으로 행정행위가 이루어져야 한다'는 것을 뜻한다. '민주 행정'은 정치적 의사결정을 분권화해 부패가능성을 낮추고, 대중 참여를 제도화하여 시민 개인의 선호와 선택을 존중하며, 경쟁을 통해 공공서비스를 공급하여 사회 전체의 능률성을 극대화하는 것을 목표로 한다.

　※ 다양성. 민주 행정의 실천

　공무원 헌장 실천강령에서는 다양성과 민주 행정을 실제 공직생활에서 실천하기위한 구체적인 행동지침을 아래와 같이 세 가지로 나누어 제시하고 있다.

　• 서로 다른 입장과 의견이 있음을 인정하고 배려한다.
　• 특혜와 차별을 철폐하고 균등한 기회를 보장한다.
　• 자유로운 참여를 통해 국민과 소통하고 협력한다.

다음은 관련 사례들이다.

1. 서로 다른 입장과 의견이 있음을 인정하고 배려한다.

　각자의 다양성을 이해할 때 비로소 국민 모두가 행복해진다.

　모 사무관은 장애인 차별행위 등과 관련된 각종 법령 및 정책 개선을 통해 장애인 권익보호 및 편익증진에 기여하였다. 특히, 장애인에 대한 제1종 운전면허 취득을 일률적으로 제한하는 법령에 대해 개선을 권고하고 경찰청으로부터 일부수용을 도출하였다. 해당 사례는 위원회 내부에서조차 2년 이상 부결되던 사례였으나, 근거가 되는 연구 자료를 본인이 직접 분석하여 개선권고를 이끌어 냈다는 점에서 그 의미가 크다고 할 수 있다.

2. 특혜와 차별을 철폐하고 균등한 기회를 보장한다.

학연, 지연 등에 따라 특혜를 제공하면, 또 다른 선의의 피해자가 생긴다.

> 모 과장은 고교 후배인 부하직원이 승진 시험공부에 대한 어려움을 토로하자, 충분히 공부를 할 수 있도록 3개월의 시험 준비 기간을 주어 해당 직원이 업무를 보지 않고 외부에서 사무관 승진시험 준비에 전념할 수 있도록 배려하였다. 이러한 행위는 분명한 특혜로서 공무원 행동강령 제6조(특혜의 배제) 위반사항이다.

3. 자유로운 참여를 통해 국민과 소통하고 협력한다.

국민의 소리를 듣는 장치가 제대로 마련될 때 민주 행정이 구현된다.

> 행정자치부는 정부정책과 관련한 국민들의 의견을 수렴하여 각 부처에 전달함으로써 정책이 현실화될 수 있도록 각종 제안 제도를 운영하고 있다. 예를 들어, 2005년에 실시한 생활공감정책 제안상에서 대통령상을 수상한 '다문화 서포터즈단 운영'은 한국으로 이주 후 적응을 마친 선배들이 새롭게 이주한 여성을 도와 실질적인 취업, 사회적응훈련 등을 지원하는 제안으로 해당 지방자치단체에 전달되어 정책화가 검토되고 있다.

⑧ 청렴을 생활화하고

청렴(淸廉)은 '성품과 행실이 높고 맑으며 탐욕이 없음'을 의미합니다. 유교전통의 가치관에서 청렴은 단순히 돈을 받지 않는다는 것에 그치지 않고 어떠한 흠결도 지니지 않으며 고귀한 가치를 추구하는 강직함이라는 뜻도 동시에 지닌다. 공직사회에서 청렴이라는 개념은 포괄적으로 이해할 필요가 있습니다. 즉 청렴은 부패하지 않아야 한다는 소극적 의미도 있지만, 모든 공무원의 행위와 결과가 떳떳하고 완벽을 추구해야 한다는 의미까지 확장된다. 영어권에서 청렴성에 해당되는 단어 'Integrity' 역시 정직하고 공정하며 완벽을 추구하는 상태를 의미한다.

⑨ 규범과 건전한 상식에 따라 행동한다.

규범(規範)은 '인간이 사회생활을 하는 데 있어 구성원으로서 지켜야 할 행동규칙'을 의미하며, 그 강제의 정도에 따라 관습, 도덕적 관습, 법의 3가지 단계로 나누어진다. 따라서 규범에 근거한 행동을 한다는 것은 사회적 관습과 규칙에 어긋나지 않아야 한다는 의미이다(두산백과, 2016). 한편, 건전한 상식은 '사회적으로 널리 사용되는 개념' 정도로 해석될 수 있다. 규범과 건전한 상식은 사회의 대다수 구성원들에게 공유된다는 점에서 유사한 성격을 지닌다.

※ 청렴성, 규범 준수, 건전한 상식에 따른 행동의 실천

공무원 헌장 실천강령에서는 청렴성, 규범 준수, 건전한 상식에 따른 행동을 실제 공직생활에서 실천하기 위한 구체적인 행동지침을 아래와 같이 세 가지로 나누어 제시하고 있다.
• 직무의 내외를 불문하고 금품이나 향응을 받지 않는다.
• 나눔과 봉사를 실천하고 타인의 모범이 되도록 한다.
• 공무원으로서의 명예와 품위를 소중히 여기고 지킨다.

다음은 관련 사례들이다.

1. 직무의 내외를 불문하고 금품이나 향응을 받지 않는다.

   공무원의 부패는 국민 신뢰와 국가 경쟁력에 악영향을 미친다.

   모 공무원은 '통합정보시스템 3단계 구축사업'에 대한 감독·검사 업무를 담당하면서, 기업 직원으로부터 375,000원 상당의 접대를 받는 등 총 6회에 걸쳐 2,124,000원의 향응 등을 수수한 사실이 적발되어 정직 3개월 및 징계 부가금 2배의 징계처분을 받았다.

2. 나눔과 봉사를 실천하고 타인의 모범이 되도록 한다.

   공무원의 나눔과 봉사는 국민 감동과 공감을 이끌어낸다.

   모 주무관은 혈액암으로 고통 받는 환우들을 위해 골수 기증을 결심하고 2012년 6월 조혈모세포 기증 희망자 명부에 등록하여 2015년 12월 골수 제공을 위한 수술을 마쳤다. A주무관은 평소에도 어려운 주민들을 위해 봉사활동을 하는 등 주민과 직원들로부터 많은 칭찬을 받아왔다.

3. 공무원으로서의 명예와 품위를 소중히 여기고 지킨다.

   공무원의 의무는 일상생활까지 연결된다.

   모 공무원은 자택에서 처와 딸을 폭행하고, 처가 현관출입문을 열어 주지 않자 복도 유리창을 파손하였다. 이러한 행위에 대하여 A는 공무원의 품위유지 의무 위반을 이유로 감봉 1개월의 징계처분을 받았다.

03 | 인성검사

CHAPTER

MBTI # DISC # MMPI

01 인성검사의 목적

① 인성검사란 개인의 성품과 사회 적응력을 평가하는 검사이다. 이는 사회생활에서 요구되는 사교성 및 대인관계, 사회법규에 대한 적응력 등 기본적인 사회성을 파악하는 것을 목표로 한다.

② 채용기관에서 인성검사를 중요하게 생각하는 이유는 직무의 동기유발 측면에서 성격이 중요하게 작용한다. 조직 화합을 도모하는 데 있어서 사회성이 떨어지거나 개인적 성향이 너무 강하거나, 소심한 성격을 가진 사람의 경우에 조직 협동과 업무의 효율성을 떨어뜨리는 작용을 할 수 있기 때문이다.

③ 인성검사의 주 목적은 정신적인 장애나 성격장애가 없는지, 조직생활에 문제가 없는지 그리고 공무원의 인재상에 부합하며 해당 직무에 적합한 인재인지를 알아보는 것이다.

02 인성검사의 대책

인성검사의 문항은 각 개인의 특성을 알아보고자 하는 것으로 절대적으로 옳거나 틀린 답이 없다. 결과를 지나치게 의식하여 솔직하게 응답하지 않으면 과장 반응으로 분류될 수 있다. 그러므로 각 문항에 대해 자신의 생각이나 행동을 있는 그대로 솔직하게 나타내는 것이 가장 바람직하다.

03 인성검사의 유의사항

구분	내용
허구성 척도의 질문을 파악한다.	• 인성검사의 질문에는 허구성 척도를 측정하기 위한 질문이 숨어있음을 유념해야 한다. 예를 들어 '나는 지금까지 거짓말을 한 적이 없다', '나는 한 번도 화를 낸 적이 없다'라는 질문에 모두 '그렇다'라고 대답할 경우, 이는 수험생이 거짓말을 한다고 판단할 것이다. • 허구성을 측정하는 질문에 다소 거짓으로 '그렇다'라고 답하는 것은 전혀 문제가 되지 않는다. 하지만 지나치게 좋은 성격을 염두에 두고 허구성을 측정하는 질문에 전부 '그렇다'고 대답한다면 허구성 척도의 득점이 극단적으로 높아지며 이는 검사항목 전체에서 구직자의 성격이나 특성이 반영되지 않았음을 나타내 불성실한 답변으로 신뢰성이 의심받게 된다. • 인성검사의 문항은 각 개인의 특성을 알아보고자 하는 것으로 절대적으로 옳거나 틀린 답이 없으므로 결과를 지나치게 의식하여 솔직하게 응답하지 않으면 과장반응으로 분류될 수 있음을 기억하자.
'대체로', '가끔' 등의 수식어를 확인한다.	'대체로', '종종', '가끔', '항상', '대개' 등의 수식어는 대부분의 인성검사에서 자주 등장한다. 이러한 수식어가 붙은 질문을 접했을 때 구직자들은 조금 고민하게 된다. 하지만 아직 답해야 할 질문들이 많음을 기억해야 한다. 다만, 앞에서 '가끔', '때때로'라는 수식어가 붙은 질문이 나온다면 뒤에는 '항상', '대체로'의 수식어가 붙은 내용은 똑같은 질문이 이어지는 경우가 많다. 따라서 자주 사용되는 수식어를 적절히 구분할 줄 알아야 한다.
솔직하게 있는 그대로 표현한다.	인성검사는 평범한 일상생활 내용들을 다룬 짧은 문장과 어떤 대상이나 일에 대한 선호를 선택하는 문장으로 구성되었으므로 평소에 자신이 생각한 바를 너무 골똘히 생각하지 말고 문제를 보는 순간 떠오른 것을 표현한다. 또한, 간혹 반복되는 문제들이 출제되기 때문에 일관성 있게 답하지 않으면 감점될 수 있으므로 유의한다.
모든 문제를 신속하게 대답한다.	인성검사는 시간제한이 없는 것이 원칙이지만 기업체나 기관들은 일정한 시간제한을 두고 있다. 인성검사는 개인의 성격과 자질을 알아보기 위한 검사이기 때문에 정답이 없다. 다만, 기업체나 기관에서 바람직하게 생각하거나 기대되는 결과가 있을 뿐이다. 따라서 시간에 쫓겨서 대충 대답하는 것은 바람직하지 못하다.
자신의 성향과 사고방식을 미리 정리한다.	해당 부처의 인재상을 기초로 하여 일관성, 신뢰성, 진실성 있는 답변을 염두에 두고 꼼꼼히 풀다보면 분명 시간의 촉박함을 느낄 것이다. 따라서 각각의 질문을 너무 골똘히 생각하거나 고민하지 말자. 대신 시험 전에 여유 있게 자신의 성향이나 사고방식에 대해 정리해보는 것이 필요하다.
마지막까지 집중해서 검사에 임한다.	장시간 진행되는 검사에 지칠 수 있으므로 마지막까지 집중해서 정확히 답할 수 있도록 해야 한다.

04 | 인성검사 예시

DISC # MMPI

CHAPTER

01 성격유형 검사

01 외향형 - 내향형

No.	문 항	A	B
01	A 나는 말하기를 좋아해 실수를 할 때가 종종 있다. B 나는 말이 없어 주변 사람들이 답답해 할 때가 있다.		
02	A 나는 새로운 사람을 만나도 어색하지 않다. B 나는 모르는 사람을 만나는 일이 피곤하다.		
03	A 나는 말하면서 생각하고 대화 도중 결심할 때가 있다. B 나는 의견을 말하기에 앞서 신중히 생각하는 편이다.		
04	A 나는 팀으로 일하는 것이 편하다. B 나는 혼자 혹은 소수와 일하는 것이 편하다.		
05	A 나는 나의 견해를 사람들에게 표현하기를 좋아한다. B 나는 대체로 나의 생각, 견해를 내 안에 간직하는 편이다.		
06	A 말을 할 때 제스처가 큰 편이다. B 말을 할 때 제스처를 사용하면 어색한 편이다.		
07	A 오랜 시간 혼자 일하다 보면 외롭고 지루하다. B 혼자 오랜 시간 일을 잘하는 편이다.		
08	A 일을 할 때 적막한 것보다는 어느 정도의 소리가 도움이 된다. B 나는 소음이 있는 곳에서 일을 할 때 일하기가 힘들다.		
09	A 말이 빠른 편이다. B 목소리가 작고 조용하게 천천히 말하는 편이다.		
10	A 나는 활동적인 편이다. B 나는 집에 있는 것이 좋다.		

A가 많은 경우	B가 많은 경우
외향적인 성격으로 사교적이며 자신의 생각을 명확하게 전달한다.	내향적인 성격으로 내성적이며 사람들을 접하는 것에 소극적이다.

02 감각형 - 직관형

No.	문 항	A	B
01	A 나는 현실적이다. B 나는 미래 지향적이다.		
02	A 나는 경험으로 판단한다. B 나는 떠오르는 직관으로 판단한다.		
03	A 나는 사실적 묘사를 잘한다. B 나는 추상적 묘사를 잘한다.		
04	A 나는 구체적이다. B 나는 은유적이다.		
05	A 나는 상식적이다. B 나는 창의적이다.		
06	A 나는 갔던 길로 가는 것이 편하다. B 나는 새로운 길이 재미있다.		
07	A 나는 했던 일이 편하다. B 나는 새로운 일이 흥미 있다.		
08	A 나는 약도를 구체적으로 잘 그린다. B 나는 약도를 구체적으로 그리기 어렵다.		
09	A 나는 내가 겪은 어떤 사건을 구체적으로 잘 이야기 할 수 있다. B 나는 상상하는 것을 잘 묘사할 수 있다.		
10	A 나는 실제로 경험 하는 것을 좋아한다. B 나는 공상하는 것을 좋아한다.		

A가 많은 경우	B가 많은 경우
감각형으로 현실적이고 경험주의적이며 보수적인 유형이다.	직관형으로 새로운 주제를 좋아하며 독자적인 시각을 가진 유형이다.

03 사고형 - 감정형

No.	문 항	A	B
01	A 나는 분석적이다. B 나는 감수성이 풍부하다.		
02	A 나는 객관적이다. B 나는 공감적이다.		
03	A 나는 감정에 치우치지 않고 의사결정을 한다. B 나는 상황을 잘 생각하며 의사결정을 한다.		
04	A 나는 이성과 논리로 행동한다. B 나는 가치관과 사람 중심으로 행동한다.		
05	A 나는 능력 있다는 소리를 듣기 좋아한다. B 나는 따뜻하다는 소리를 듣기 좋아한다.		
06	A 나는 경쟁하는 것을 즐긴다. B 나는 양보하는 것이 기쁘다.		
07	A 나는 직선적인 말이 편하다. B 나는 배려하는 말이 편하다.		
08	A 나는 사건의 원인과 결과를 쉽게 파악한다. B 나는 사람의 기분을 쉽게 파악한다.		
09	A 사람들에게 차갑다는 이야기를 듣는 편이다. B 사람들에게 따뜻하다는 이야기를 듣는 편이다.		
10	A 할 말은 해야 속이 편하다. B 나는 좋게 생각하려고 넘어가는 편이다.		

A가 많은 경우	B가 많은 경우
사고형으로 일을 판단할 경우 논리성을 가장 중요하게 여기는 유형이다. 이성적이며 합리적이지만 타인에 대한 이해가 부족하다.	감정형으로 일을 판단할 경우 마음과 감정을 중요하게 생각하는 유형이다. 감정이 풍부하며 친절하지만 엄격함이 부족하고 우유부단하다.

04 판단형 - 인식형

No.	문 항	A	B
01	A 나는 결정에 대해서 잘 변경하지 않는 편이다. B 나는 결정에 대해서 융통성이 있는 편이다.		
02	A 나는 계획에 의해서 일을 처리하는 편이다. B 나는 마지막에 임박해서 일을 처리하는 편이다.		
03	A 나는 계획된 여행이 편하다. B 나는 즉흥적인 여행이 재미있다.		
04	A 나는 정리정돈을 자주 하는 편이다. B 나는 하루 날을 잡아서 정리를 하는 편이다.		
05	A 나는 조직적인 분위기에서 일이 잘 된다. B 나는 즐거운 분위기에서 일이 잘 된다.		
06	A 나는 계획적이고 조직적인 편이다. B 나는 순발력이 있는 편이다.		
07	A 나는 규범을 좋아한다. B 나는 자유로운 것이 좋다.		
08	A 나는 일할 때 친해진다. B 나는 놀면서 친해진다.		
09	A 내 책상은 정리가 잘 되어 있다. B 내 책상은 편하게 배치되어 있다.		
10	A 쇼핑을 하러 갈 때 구매 목록을 적어가는 편이다. B 쇼핑을 하러 갈 때 구매 목록 없이 그냥 가서 필요한 것을 구매한다.		

A가 많은 경우	B가 많은 경우
판단형이며 일의 변화에 융통성을 가지고 유연하게 대응하는 유형이다. 낙관적이며 질서보다는 자유를 좋아하지만 임기응변식의 대응은 무계획적으로 보인다.	인식형이며 일의 계획을 세워서 실천하는 유형이다. 순차적으로 진행하는 일을 좋아하며 끈기를 가지지만 변화에 대해 적절한 대응을 하지 못한다.

02 복합형

[1 ~ 7] 다음 질문에 대해서 평소 자신이 생각하고 있는 것이나 행동하고 있는 것에 대해 박스에 주어진 응답요령에 따라 답하시오.

※ 응시자의 인성을 파악하기 위한 검사이므로 정답이 존재하지 않습니다.

응답요령

• 응답 Ⅰ : 제시된 문항들을 읽은 다음 각각의 문항에 대해 자신이 동의하는 정도를 ①(전혀 그렇지 않다) ~ ⑤(매우 그렇다)으로 표시한다.

• 응답 Ⅱ : 제시된 문항들을 비교하여 상대적으로 자신의 성격과 가장 가까운 문항 하나와 가장 거리가 먼 문항 하나를 선택한다(응답 Ⅱ의 응답은 가깝다 1개, 멀다 1개, 무응답 2개이어야 한다).

1

문 항	응답 Ⅰ					응답 Ⅱ	
	①	②	③	④	⑤	멀다	가깝다
A. 무슨 일도 좀처럼 시작하지 못한다.							
B. 초면인 사람과도 바로 친해질 수 있다.							
C. 행동하고 나서 생각하는 편이다.							
D. 쉬는 날은 집에 있는 경우가 많다.							

2

문 항	응답 Ⅰ					응답 Ⅱ	
	①	②	③	④	⑤	멀다	가깝다
A. 무슨 일도 좀처럼 시작하지 못한다.							
B. 초면인 사람과도 바로 친해질 수 있다.							
C. 행동하고 나서 생각하는 편이다.							
D. 쉬는 날은 집에 있는 경우가 많다.							

3

문 항	응답 I					응답 II	
	①	②	③	④	⑤	멀다	가깝다
A. 조금이라도 나쁜 소식은 절망의 시작이다.							
B. 언제나 실패가 걱정이 되어 어쩔 줄 모른다.							
C. 다수결의 의견에 따르는 편이다.							
D. 혼자 술집에 들어가는 것이 전혀 두렵지 않다.							

4

문 항	응답 I					응답 II	
	①	②	③	④	⑤	멀다	가깝다
A. 승부근성이 강하다.							
B. 자주 흥분해서 침착하지 못하다.							
C. 타인에게 폐를 끼친 적이 없다.							
D. 조용히 이야기하는 것을 보면 내 험담 같다.							

5

문 항	응답 I					응답 II	
	①	②	③	④	⑤	멀다	가깝다
A. 무엇이든지 자기가 나쁘다고 생각하는 편이다.							
B. 자신을 변덕스러운 사람이라고 생각한다.							
C. 고독을 즐기는 편이다.							
D. 자존심이 강하다고 생각한다.							

6

문 항	응답 I					응답 II	
	①	②	③	④	⑤	멀다	가깝다
A. 금방 흥분하는 성격이다.							
B. 거짓말을 한 적이 없다.							
C. 신경질적인 편이다.							
D. 끙끙대며 고민하는 타입이다.							

7

문 항	응답 I					응답 II	
	①	②	③	④	⑤	멀다	가깝다
A. 감정적인 사람이라고 생각한다.							
B. 자신만의 신념을 가지고 있다.							
C. 다른 사람을 바보 같다고 생각한 적이 있다.							
D. 금방 말해버리는 편이다.							

8

문 항	응답 I					응답 II	
	①	②	③	④	⑤	멀다	가깝다
A. 하고 싶은 것은 반드시 해야 한다.							
B. 인내심이 높은 편에 해당한다.							
C. 내 의견과 다른 의견은 이해되지 않는다.							
D. 나의 가치관은 자주 변하지 않는 편이다.							

9

문 항	응답 I					응답 II	
	①	②	③	④	⑤	멀다	가깝다
A. 하고 싶은 것이 있다면 그 즉시 시작해야 한다.							
B. 내가 계획한 일이 자주 변경하는 편이다.							
C. 일이 내 계획대로 흘러가지 않으면 초조하다.							
D. 약속을 자주 잊어버리는 편이다.							

10

문 항	응답 I					응답 II	
	①	②	③	④	⑤	멀다	가깝다
A. 공감능력이 뛰어나다.							
B. 슬픈 영화를 보면 눈물을 흘리곤 한다.							
C. 윤리의식이 없는 사람을 보면 화가 난다.							
D. 교통법규는 반드시 지켜야 하는 것이다.							

03 생각일치형

[1 ~ 15] 다음 각 문제에서 제시된 4개의 질문 중 자신의 생각과 일치하거나 자신을 가장 잘 나타내는 질문과 가장 거리가 먼 질문을 각각 하나씩 고르시오. ※ 응시자의 인성을 파악하기 위한 검사이므로 정답이 존재하지 않습니다.

	질문	가깝다	멀다
1	계획적으로 일을 하는 것을 좋아한다.		
	꼼꼼하게 일을 마무리 하는 편이다.		
	새로운 방법으로 문제를 해결하는 것을 좋아한다.		
	빠르고 신속하게 일을 처리해야 마음이 편하다.		
2	문제를 해결하기 위해 여러 사람과 상의한다.		
	어떠한 결정을 내릴 때 신중한 편이다.		
	시작한 일은 반드시 완성시킨다.		
	문제를 현실적이고 객관적으로 해결한다.		
3	글보다 말로 표현하는 것이 편하다.		
	논리적인 원칙에 따라 사실을 조직하는 것이 좋다.		
	집중력이 강하고 매사에 철저하다.		
	자기능력을 뽐내지 않고 겸손하다.		
4	융통성 있게 업무를 처리한다.		
	질문을 받으면 충분히 생각하고 나서 대답한다.		
	긍정적이고 낙천적인 사고방식을 갖고 있다.		
	매사에 적극적인 편이다.		
5	기발한 아이디어를 많이 낸다.		
	새로운 일 하는 것을 좋아한다.		
	타인의 견해를 잘 고려한다.		
	사람들을 잘 설득시킨다.		
6	나는 종종 화가 날 때가 있다.		
	나는 화를 잘 참지 못한다.		
	나는 단호하고 통솔력이 있다.		
	나는 집단을 이끌어가는 능력이 있다.		
7	나는 조용하고 성실하다.		
	나는 책임감이 강하다.		
	나는 독창적이며 창의적이다.		
	나는 복잡한 문제도 간단하게 해결한다.		

8	나는 관심 있는 분야에 몰두하는 것이 즐겁다.		
	나는 목표를 달성하는 것을 중요하게 생각한다.		
	나는 상황에 따라 일정을 조율하는 융통성이 있다.		
	나는 의사결정에 신속함이 있다.		
9	나는 정리 정돈과 계획에 능하다.		
	나는 사람들의 관심을 받는 것이 좋다.		
	나는 때로는 고집스러울 때도 있다.		
	나는 원리원칙을 중시하는 편이다.		
10	나는 맡은 일에 헌신적이다.		
	나는 타인의 감정에 민감하다.		
	나는 목적과 방향은 변화할 수 있다고 생각한다.		
	나는 다른 사람과 의견의 충돌은 피하고 싶다.		
11	나는 구체적인 사실을 잘 기억하는 편이다.		
	나는 새로운 일을 시도하는 것이 즐겁다.		
	나는 겸손하다.		
	나는 다른 사람과 별다른 마찰이 없다.		
12	나는 나이에 비해 성숙한 편이다.		
	나는 유머감각이 있다.		
	나는 다른 사람의 생각이나 의견을 중요시 생각한다.		
	나는 솔직하고 단호한 편이다.		
13	나는 구체적인 사실을 잘 기억하는 편이다.		
	나는 새로운 일을 시도하는 것이 즐겁다.		
	나는 겸손하다.		
	나는 다른 사람과 별다른 마찰이 없다.		
14	나는 나이에 비해 성숙한 편이다.		
	나는 유머감각이 있다.		
	나는 다른 사람의 생각이나 의견을 중요시 생각한다.		
	나는 솔직하고 단호한 편이다.		
15	나는 낙천적이고 긍정적이다.		
	나는 집단을 이끌어가는 능력이 있다.		
	나는 사람들에게 인기가 많다.		
	나는 활동을 조직하고 주도해나가는데 능하다.		

04 YES or NO형

[1 ~ 50] 다음 (   ) 안에 당신에게 해당사항이 있으면 'YES', 그렇지 않다면 'NO'를 선택하시오.

※ 응시자의 인성을 파악하기 위한 검사이므로 정답이 존재하지 않습니다.

	YES	NO

1. 조금이라도 나쁜 소식은 절망의 시작이라고 생각해버린다. (/)

2. 언제나 실패가 걱정이 되어 어쩔 줄 모른다. (/)

3. 다수결의 의견에 따르는 편이다. (/)

4. 혼자서 음식점에 들어가는 것은 전혀 두려운 일이 아니다. (/)

5. 승부근성이 강하다. (/)

6. 자주 흥분해서 침착하지 못하다. (/)

7. 지금까지 살면서 타인에게 폐를 끼친 적이 없다. (/)

8. 소곤소곤 이야기하는 것을 보면 자기에 대해 험담하고 있는 것으로 생각된다. (/)

9. 무엇이든지 자기가 나쁘다고 생각하는 편이다. (/)

10. 자신을 변덕스러운 사람이라고 생각한다. (/)

11. 고독을 즐기는 편이다. (/)

12. 자존심이 강하다고 생각한다. (/)

13. 금방 흥분하는 성격이다. (/)

14. 거짓말을 한 적이 없다. (/)

15. 신경질적인 편이다. (/)

16. 끙끙대며 고민하는 타입이다. (/)

17. 감정적인 사람이라고 생각한다. (/)

18. 자신만의 신념을 가지고 있다. (/)

19. 다른 사람을 바보 같다고 생각한 적이 있다. (/)

20. 금방 말해버리는 편이다. (/)

21. 싫어하는 사람이 없다. (/)

22. 대재앙이 오지 않을까 항상 걱정을 한다. (/)

23. 쓸데없는 고생을 하는 일이 많다. (/)

24. 자주 생각이 바뀌는 편이다. (/)

25. 문제점을 해결하기 위해 여러 사람과 상의한다. (/)

26. 내 방식대로 일을 한다. (/)

27. 영화를 보고 운 적이 많다. (/)

28. 어떤 것에 대해서도 화낸 적이 없다. (/)

29. 사소한 충고에도 걱정을 한다. (/)

30. 자신은 도움이 안 되는 사람이라고 생각한다. (/)

31. 금방 싫증을 내는 편이다. (/)

32. 개성적인 사람이라고 생각한다. (/)

33. 자기주장이 강한 편이다. (/)

34. 뒤숭숭하다는 말을 들은 적이 있다. (/)

35. 학교를 쉬고 싶다고 생각한 적이 한 번도 없다. (/)

36. 사람들과 관계 맺는 것을 잘하지 못한다. (/)

37. 사려 깊은 편이다. (/)

38. 몸을 움직이는 것을 좋아한다. (/)

39. 끈기가 있는 편이다. (/)

40. 신중한 편이라고 생각한다. (/)

41. 인생의 목표는 큰 것이 좋다. (/)

42. 어떤 일이라도 바로 시작하는 타입이다. (/)

43. 낯가림을 하는 편이다. (/)

44. 생각하고 나서 행동하는 편이다. (/)

45. 쉬는 날은 밖으로 나가는 경우가 많다. (/)

46. 시작한 일은 반드시 완성시킨다. (/)

47. 면밀한 계획을 세운 여행을 좋아한다. (/)

48. 야망이 있는 편이라고 생각한다. (/)

49. 활동력이 있는 편이다. (/)

50. 많은 사람들과 왁자지껄하게 식사하는 것을 좋아하지 않는다. (/)

05 행동일치형

[1 ~ 10] 다음 주어진 보기 중에서 자신과 가장 가깝다고 생각하는 것은 'ㄱ'에 표시하고, 자신과 가장 멀다고 생각하는 것은 'ㅁ'에 표시하시오.

1
① 모임에서 리더에 어울리지 않는다고 생각한다.
② 착실한 노력으로 성공한 이야기를 좋아한다.
③ 어떠한 일에도 의욕이 없이 임하는 편이다.
④ 학급에서는 존재가 두드러졌다.

ㄱ	① ② ③ ④
ㅁ	① ② ③ ④

2
① 아무것도 생각하지 않을 때가 많다.
② 스포츠는 하는 것보다는 보는 게 좋다.
③ 성격이 급한 편이다.
④ 비가 오지 않으면 우산을 가지고 가지 않는다.

ㄱ	① ② ③ ④
ㅁ	① ② ③ ④

3
① 1인자보다는 조력자의 역할을 좋아한다.
② 의리를 지키는 타입이다.
③ 리드를 하는 편이다.
④ 남의 이야기를 잘 들어준다.

ㄱ	① ② ③ ④
ㅁ	① ② ③ ④

4
① 여유 있게 대비하는 타입이다.
② 업무가 진행 중이라도 야근을 하지 않는다.
③ 즉흥적으로 약속을 잡는다.
④ 노력하는 과정이 결과보다 중요하다.

ㄱ	① ② ③ ④
ㅁ	① ② ③ ④

5
① 무리해서 행동할 필요는 없다.
② 유행에 민감하다고 생각한다.
③ 정해진 대로 움직이는 편이 안심된다.
④ 현실을 직시하는 편이다.

ㄱ	① ② ③ ④
ㅁ	① ② ③ ④

6
① 자유보다 질서를 중요시하는 편이다.
② 사람들과 이야기하는 것을 좋아한다.
③ 경험에 비추어 판단하는 편이다.
④ 영화나 드라마는 각본의 완성도나 화면구성에 주목한다.

ㄱ	① ② ③ ④
ㅁ	① ② ③ ④

7
① 혼자 자유롭게 생활하는 것이 편하다.
② 다른 사람의 소문에 관심이 많다.
③ 실무적인 편이다.
④ 비교적 냉정한 편이다.

ㄱ	① ② ③ ④
ㅁ	① ② ③ ④

8
① 협조성이 있다고 생각한다.
② 친한 친구의 휴대폰 번호는 대부분 외운다.
③ 정해진 순서에 따르는 것을 좋아한다.
④ 이성적인 사람으로 남고 싶다.

ㄱ	① ② ③ ④
ㅁ	① ② ③ ④

9
① 단체 생활을 잘 한다.
② 세상의 일에 관심이 많다.
③ 안정을 추구하는 편이다.
④ 도전하는 것이 즐겁다.

ㄱ	① ② ③ ④
ㅁ	① ② ③ ④

10
① 되도록 환경은 변하지 않는 것이 좋다.
② 밝은 성격이다.
③ 지나간 일에 연연하지 않는다.
④ 활동범위가 좁은 편이다.

ㄱ	① ② ③ ④
ㅁ	① ② ③ ④

면접
질문카드

질문카드를 잘라서 사용하세요.

질문카드 중에서 하나씩 뽑아보면서 빠르게 면접 답변을 하는 연습을 해보세요.
연습을 하면 할수록 쌓여가는 자신감을 느낄 수 있을거예요.

❀ 면접 전 스스로의 마음을 안정시키고 격려하는 방법 ❀

- 가벼운 산책과 스트레칭으로 몸을 움직여준다.
- 나를 남과 비교하지 않고 다른 점을 받아들인다.
- 일어나지 않은 일을 미리 걱정하지 않는다.
- 현재 몰입하는 일에 집중하고 최선을 다한다.
- 하루에 한 번 조용히 명상의 시간을 갖는다.
- 두려움을 벗어던지면 새로운 것들이 보일 것이다.
- 자신의 의견을 소신껏 주장하되 부드럽게 말한다.
- 사람은 누구나 실수를 한다. 가끔은 나에게 관대해져도 좋다.
- 감사하는 마음의 표현은 모두에게 큰 변화를 준다.

QUESTION CARD

하단에 질문카드를 잘라서 사용하세요. 질문카드 중에서 하나씩 뽑아보면서 빠르게 면접 답변을 하는 연습을 해보세요.

공무원의 의무를 말해보시오.	공무원이 본인의 적성에 잘 맞는다고 생각합니까?
창의성을 발휘하여 문제를 해결한 경험을 말해보시오.	공무원을 지원한 동기를 말해보시오.
다른 사람들이 본인에 대하여 어떻게 정의합니까?	자신의 생활신조를 말해보시오.
합격 후 자기계발을 어떻게 할 것인가?	공무원이 사기업의 직원과 다른 점은 무엇입니까?

QUESTION	QUESTION
QUESTION	QUESTION
QUESTION	QUESTION
QUESTION	QUESTION

QUESTION CARD

하단에 질문카드를 잘라서 사용하세요. 질문카드 중에서 하나씩 뽑아보면서 빠르게 면접 답변을 하는 연습을 해보세요.

야근을 할 수 있으며 주말에 쉬지 못할 수도 있는데 괜찮은가?	공무원이 되기 전에 준비해야 할 것으로 무엇이 있는가?
국가 구성 3요소를 말해보시오.	업무 수행 중 상사의 의견과 충돌한 경우 어떻게 대처할 것인가?
최근 관심있게 보는 이슈는 무엇이며 관심을 갖는 이유는?	생성형 AI를 업무에 어떻게 활용할 것인지 말해보시오.
업무상 발생하는 스트레스 관리를 위한 개인적/제도적인 방안을 제시해보시오.	상대방의 부탁 합리적이며 명확하게 거절하는 방법을 말해보시오.

QUESTION	*QUESTION*
QUESTION	*QUESTION*
QUESTION	*QUESTION*
QUESTION	*QUESTION*

QUESTION CARD

하단에 질문카드를 잘라서 사용하세요. 질문카드 중에서 하나씩 뽑아보면서 빠르게 면접 답변을 하는 연습을 해보세요.

지역 내에서 시민의식을 발휘해 공동체에 기여한 경험을 말해보시오.	악성민원인이 찾아올 경우 어떻게 대처할 것인가?
상사가 업무가 아닌 사적인 일을 시킬 경우 어떻게 대처할 것인가?	가족 또는 지인이 부정 청탁을 요청할 경우 어떻게 대처할 것인가?
조직 내의 부조리함을 발견한 경우 어떻게 대처할 것인가?	업무의 효율성과 절차를 준수한 이행 중 무엇이 더 중요한가?
수익성과 공익성에 대하여 말해보시오.	공적인 일과 사적인 일 중 어느 것이 더 우선인가?

QUESTION	QUESTION
QUESTION	QUESTION
QUESTION	QUESTION
QUESTION	QUESTION

상식은 "용어사전"

용어사전으로 중요한 용어만 한눈에 보자

중요한 용어만 공부하자!

1 **시사용어사전 1200**

매일 접하는 각종 기사와 정보 속에서 현대인이 놓치기 쉬운, 그러나 꼭 알아야 할 최신 시사상식을 쏙쏙 뽑아 이해하기 쉽도록 정리했다!

2 **경제용어사전 1030**

주요 경제용어는 거의 다 실었다! 경제가 쉬워지는 책, 경제용어사전!

3 **부동산용어사전 1300**

부동산에 대한 이해를 높이고 부동산의 개발과 활용, 투자 및 부동산 용어 학습에도 적극적으로 이용할 수 있는 부동산용어사전!

- 최신 관련 기사 수록
- 다양한 용어를 수록하여 1000개 이상의 용어 한눈에 파악
- 용어별 중요도 표시 및 꼼꼼한 용어 설명
- 파트별 TEST를 통해 실력점검

자격증

한번에 따기 위한 서원각 교재

한 권에 따기 시리즈 / 기출문제 정복하기 시리즈를 통해 자격증 준비하자!